U0867624

北大荒断简

肖复兴 著/绘

北京出版集团公司
北京十月文艺出版社

纪念我和我的同伴一起去北大荒五十年

——题记

目录 Contents

自　序

沈从文先生在他的《边城》中写过这样一句话："每个人都有一个令他魂牵梦绕的地方。"这话说得没错。这个地方，对于我就是北大荒。

这本小书写的就是这个地方。说北大荒，其实有些笼统，北大荒很大。这一次，我将我的笔集中在北大荒的一个点，一个很小的点，就是大兴岛，一个被七星河和挠力河环绕的小岛，面积只有八百平方公里。1968年，我到那里的时候，只有几千人。真正如福克纳所说的，只是一张邮票那样小的地方。

这一次，我很明确，靶向性很强，只写这个地方；只写生活在这个地方的人，知青、复员军人、当地老乡；只写我曾经见过的，知道的，经历的人与事，以及更为重要的命运。

对于写作的人而言，写作本身就是一种还乡。之所以将大兴岛作为我自己的故乡，因为整个青春季节在那里度过，青春的故乡，有时胜过童年的故乡。

学者赵园曾经说：乡土是价值世界，还乡是价值态度。这种态度，标志着作者在这样的写作中，融合着一种对故乡的土地和人、对曾经的生活和自己的经验的体认和回忆。在追忆似水年华中，无形中暴露自己的情感与立场的前后差异变化，乃至隐秘矛盾或纠结。我想，这就是所谓的还乡的价值态度。在态度中体现价值，在价值中审视态度。这样的写作，是一种还乡，也是一种对故乡的重构。

因此，文本中的文学性，带有人为性。个体化的回忆和写作，成为一把筛子和一把斧子，会对原本的生活与人进行筛选和斧削，让一切变成文学的文本，不完全等于现实。这本小书，也可作如是观。会有很多似曾相识，也会有很多似曾不识，甚至陌生。当然，这不仅缘于我的写作，而且缘于对于我们曾经经历过的一切，烟笼寒水月笼沙，其实并不完全知晓。你需要怀疑和质疑的，不是曾经生活的本身，而应该是自己。时过境迁之后，这本小书或许能够多少揭开时间的面纱，抹去生活的尘埃，让我们更能接近一点儿真实，触摸到荒原萋萋荒草下湮没的我们的青春，和世代零落成尘的比我们知青更多人更苍凉的人生。

这本小书，不是朱颜辞镜花辞树顾影自怜式的怀旧，而是直面我们人生唯有一次的青春。无论什么时代的青春，都会有美好的一面，也会有残酷的一面，青春是一把双刃剑，可以刺伤他人，更可以刺伤自己。在这里，没有回避我自己所做的好的和不好的一切，没有视而不见青春美好娇颜下滴血过后结痂的伤口，没有欲言又止不该在青春花季中的死亡，以及日后“访旧半为鬼，惊呼热中肠”的悲伤。

马尔克斯在谈到他自己的写作时，曾经说：如果一个想法经不起多年的丢弃，我是绝不会有兴趣的。而这种想法确实经得起考验，那么，到时候就会瓜熟蒂落，我就写出来了。

今年年初，《我们的老院》出版之后，书的责编之一、北京十月文艺出版社的副总编，也是我的老朋友章德宁对我说：希望你的下一本书也能交我们这里出。我一口应承了下来，不仅在于她的友情、信任和鼓励，也在于我想好了下一本书写的就是北大荒，就是大兴岛。就如马尔克斯所说的，这个想法早已经翻腾在心里很久，一肩行李尘中老，半世琵琶马上弹，到了该写的时候了。

因为，明年，即2018年，是我去北大荒，到大兴岛整整五十年。这本小书，是给自己，也是给和我一起同去北大荒，同到大兴岛的知青朋友的一个纪念。

五十年前，1968年7月20日上午10点38分，我们离开了北京。这时候的北京，一声雄伟的汽笛长鸣，北京车站高大的建筑，突然一阵剧烈的抖动，我的心骤然一阵疼痛。

这个抖动，这个疼痛，一直绵延到五十年后今天的这本小书中。

2017 年岁末于北京

七星河和挠力河

一

北大荒的土地上，很有几座有名的岛，其中雁窝岛和大兴岛，最有代表性。雁窝岛，是1958年十万转业官兵开发北大荒的代表作，可以说是北大荒开发出来的第一批荒原中的佼佼者，至今岛上还矗立有时任国家副主席董必武题词“雁窝岛”的纪念碑，记载着那段不平凡的岁月。大兴岛，是1965年由第一批到北大荒的北京知青和复员军人、山东移民开发北大荒的代表作，1966年3月，由开发作业区改名为农场，当时叫作七星农场大兴分场。1967年的冬天和1968年的夏天，连续来了几批北京、天津、上海、哈尔滨的知青，共同开发大兴岛，不断成立新建的生产队，成为了知青一代和北大荒密不可分的一座地理坐标。

我是1968年7月去的大兴岛，有幸成为开发大兴岛的第二代人。

我们大兴岛，之所以被称为岛，是由于被两条河所包围。北面的一条河叫七星河，南面的一条河叫挠力河。这两条河都有些属于自己的古老历史。清史记载，七星河当时叫作西勒喜河，挠力河当时叫诺雷河或诺罗河，都是满语，说明了清人入关主政后这两条河的版图和管辖的范畴。这两条河如同两条手臂，环绕着我们大兴岛，一直往东北方向流去，在红旗岭农场交汇。

1965年之前，这里除了有少数当地农民之外，荒无人烟，是一片沉寂多年的亘古荒原。说是荒原，很多地方是沼泽地。向荒原要粮，向荒原进军，成为那时最嘹亮的口号。我来到大兴岛的时候，很多沼泽地已经被开垦出来，成为了麦田和豆地，也有一些玉米地和高粱地。但是，依然有很多荒地，即便已经开垦出来的地号里，还残存着不少蚂蚁篓子和王八柳，必须把它们都清除出去，拖拉机才好作业。那种歪脖子王八柳盘根错节，坚硬无比，很难清除。好长一段时间，我们干的活儿，就是清理地号，对付这些顽固的王八柳。很多人的铲子、镢头、木棍一起上阵，还是很难将它们挖出来，必须请来拖拉机，加足马力，才能够把它们拔出来。当地人说：王八柳，不成材。这些丑八怪一样歪歪扭扭的家伙，除了当柴火烧，没有一点儿用处。即使当柴火，用斧头也很难把它劈开，人们都不愿用它烧火。

在我们二队，我最初认识的一位朋友是1965年第一批来到大兴岛的北京知青刘再生。他比我小一岁，膀大腰粗，当地

我们大兴岛，之所以被称为岛，是由于被两条河所包围。

北面的一条河叫七星河，南面的一条河叫挠力河。

这两条河都有些属于自己的古老历史。

人讲话，二尺钩挠痒痒，是干活儿的一把好手。这样的一把好手，在最初开发大兴岛的劳动中，身心疲惫，病倒在床，起不来身。当时，大兴岛还没有建起医院，只好连夜往七星农场医院送。队上只有牛，连马都没有一匹，说是牛打江山马当家，开荒干活儿，只能用老牛。想后来人们把牛称赞为开荒牛，是有道理的。第一批跟随人一起进入大兴岛的那些牛，不少和再生一样，吃苦不诉苦，因不知疲倦地开荒而累倒。

那天夜里，队上派一辆牛车将再生拉到七星河。那时的七星河两岸全是沼泽地，牛车只能在离河很远的一个叫作杨万子的鱼梁子停下了，必须要在这里换成马拉的爬犁，到七星河上船。因为再往前走，都是沼泽地，当地人称之为荒草甸子，或叫水泡子、大酱缸，再浅的地方，车轮也很容易陷进去。爬犁平滑，受力面大，重心低，适于在沼泽地滑行，因此，只有轻巧的爬犁可以飞快地带人到河边。

到七星农场医院一查，结核性脑膜炎。一住好几个月，把病治好，再生急于回队，又是坐上这样的马拉的爬犁，从七星河对岸到大兴岛，再坐爬犁到杨万子鱼梁子。天色已黑，别人都劝他在鱼梁子住一宿，第二天天亮再走。他不听，坚持走，走到半路，就陷进沼泽之中，这种草甸子，表面看起来是草，一脚踩下去，下面全是水，水都是从七星河漫延出来的，和杂草缠裹成泥，如魔爪一样死死缠绕着你的双腿，使劲儿地把你往下拽，会让你越陷越深，直至淹没。开发雁窝岛的时候，这样的事情屡见不鲜。当时一部非常有名的电影《北大荒人》，

那时的七星河两岸全是沼泽地，
牛车只能在离河很远的一个叫作杨万子的鱼梁子停下了，
必须要在这里换成马拉的爬犁，到七星河上船。

其中一个情节就是开发雁窝岛的一位复员军人陷进草甸子，最后淹没头顶而牺牲。

再生陷进草甸子里，身子越陷越深，水一直没到胸口。想起了电影里的那个镜头，不禁害怕，落下眼泪。黑夜沉沉，荒原茫茫，真的是呼天不应，叫地不灵，心想这样的悲剧就要落在自己的身上。谁知，就在这绝望的时候，他胸前的水开始降落，往前迈步，竟然越走越高，一步步地走出了沼泽。黑的是路，白的是水，蒙蒙夜色中，他看到黑黑的颜色，知道有了路，是通往我们二队的那条小路。

这段往事，再生没少对我讲起，每次讲，都非常动感情。对比他这样第一代开发大兴岛的人，我们所要对付的王八柳，显然要简单得多，也容易多了。杨万子至今还在，只是已经不再是鱼梁子，成为了当地农民的居住点，很有些繁华热闹了。从大兴岛到七星去，早已经建成了一座七星桥，不必再如再生一样要坐马拉的爬犁，才能到达岸边了。

二

1968年的夏天，我从北京到大兴岛，七星河上还没有桥，我和伙伴们是乘坐小火轮过的河。夏天的七星河很漂亮，两岸是绿色的苇草，一望无际，平铺到天边。河水清澈见底，能够看见水底的游鱼，以为它们离水面很近，贴近船帮，伸手去捞，才知道水很深，鱼离水面老远呢。远处的天空中有水鸟在飞，居然还能看到长脖老等，伸长了脖子，好奇地望着我们。

记忆中那次过七星河，小火轮并不是直开到对岸，而是弯弯曲曲，转了好几道弯，大约开了一个小时，才来到对岸。其实，七星河没有那么宽，在我的印象中，也就两百多米的样子。过了好久，我才知道，七星河表面看水平如镜，却是暗藏玄机，水下面很复杂，特别是水草纵横，弄不好会缠裹船身。河岸由于都处于沼泽地中，同样地形复杂，必须要找到合适的地方停泊。

那一次，我们也是在杨万子前面下的船。显然，这里是多少年来前往大兴岛的必经之路，前车后辙，是前人用脚踩出来的船只的停泊之地。

说起七星河，记忆中的河水和河岸，和今天已经完全不同。1968年的夏天，我们从福利屯下的火车，那里离富锦县城很近，离七星还有几十里地的距离。我们到达七星的时候，已经是黄昏，天色渐暗，谁也不敢这时候贸然开船，也就无法坐船去大兴岛了。只好住上一晚，第二天早晨过河。

那一天的晚饭，分配每一个知青到一个当地的农家去吃派饭。迎我来的是一位中年男人，赤裸着黝黑的胸膛，老远地向我走来，落日的霞光映得他浑身通红发亮。走近一看，吓了我一跳，我看见他的胸膛上有一枚硕大如碗口的毛主席像章，纪念章的别针生生地别进他的肉里。这一幕的情景，连同那一晚他和他老婆为我特意包的茴香馅的饺子，成为我永远忘不掉的回忆。

我对七星河向往已久，吃完饺子，我对他说：能不能带我去看看七星河？他说行，只是得走挺远的一段路。然后，他带我上路，我看他还是赤裸着胸膛，夜风吹来，北大荒的晚上有些凉，便对他说：你不披上件衣服吗？他说：不用，你们从北京来的觉得凉，我习惯了，没事，这样凉快！我们一起走到七星河岸，前边迎风簌簌直响的就是芦苇丛。夜空中没有月亮，星星也很少，四周一片漆黑，芦苇丛只能看到黑黝黝的影子参差摇曳，其他的什么也看不见。我以为能看到的“星垂平野阔，月涌大江流”的景色，只能在遥远的梦幻中。

他指指前面对我说：前面就是七星河了，明天你们就从这里上船。前面，什么也看不见，只有七星河的河水流动的哗哗声，和我身边这个壮汉子胸前的纪念章在夜色中闪闪发光。

这就是七星河！从那么远的北京，那么毅然决然地跑过来，我就要在它的身边度过我的青春岁月。想想那时候的心情，并没有什么悲伤，而是有些雄壮，像站在身边这个壮汉胸前闪闪发光的纪念章。

三

1982年，我大学毕业。那年暑假，我回了北大荒一趟。七星已经改名为建三江，火车站马上就要建成。离开那里八年了，不能说是沧海桑田吧，变化还是挺大的。过七星河时，我请司机停了一下车，想看看桥和河。不知道我下车的地方，是不是1968年夏天夜里那个胸前别着毛主席纪念章的老乡带我第一次看七星河的地方了。芦苇丛依然很茂密，只是，河水似乎瘦了很多，前面就是桥，是我们用了几个冬天的时间修建起来的桥。桥下的水，并未显得那样的浪花奔涌。桥的两侧栏杆前，各立有一座桥碑。说是桥碑，其实就是一个长方形的水泥柱子，和桥的栏杆连为一体，比栏杆高出一截而已，是当时七星河桥建成的纪念。我走到桥前，桥碑上居然还是当年刻上的"反修桥"那三个突出的大字。十几年过去了，时代发生了翻天覆地的变化，这三个突出的水泥大字，依然顽强书写着岁月抹不去的痕迹，无语沧桑，独立斜阳。

那时，知青返乡热还没兴起，我是我们二队乃至全大兴岛第一个回去的知青，乡亲们都还健在，心气很高。我赶回我曾经待过的大兴岛二队的上午，队上已经特意杀了一头猪，在两个老乡家摆出了阵势，热闹得像准备过年。

几乎全队的人都聚集在那里，等着和我一醉方休。刚进农家小院，大家就围拢上来。挨个乡亲，我仔细看了一周遭，发现只有车老板大老张没有来。我问大老张哪儿去了，几乎所有人都笑了起来，七嘴八舌地叫道：喝晕过去了呗！得等着中午见了！

大老张是我们队上有名的酒鬼。一天三顿酒，一清早起来，第一件事是摸酒瓶子，赶车出工的时候，腰间别着酒葫芦，什么时候想喝，就得抿上一口。有时候，去富锦县城拉东西，回来天落黑了，他又喝多了，迷了路，幸亏老马识途，要不非陷进草甸子里，回不了家。

不过，大老张干活儿不惜力，他长得人高马大，一膀子力气，麦收豆收，满满一车的麦子和豆子，他都是一个人装车卸车，不需要帮手。需要帮手的时候，他爱叫上我。因为他爱叫我给他讲故事，他最爱听《水浒》。我们俩常常为争谁坐《水浒》里的梁山第一交椅而掰扯不清，我说是豹子头林冲，他非要说是阮小二，因为阮小二是打鱼的，他家祖上也是打鱼的。那都是哪辈子的事了？自从他爷爷闯关东之后，他就会赶马车。

我知道，谁都爱说过五关斩六将，谁爱说自己走麦城呀？大老张醉酒后闹笑话的事情多了去了，他不说，我当然不会去揭他的伤疤。那一次，他的老闺女病得发高烧，他赶着马车，拉着闺女往医院赶，他老婆要跟着他一起去医院。他不让，也是，家里还有几个孩子需要人看呢。他老婆不去了，但是一再嘱咐他路上千万不要喝酒了！他答应着，马车刚赶出我们队不远，他就忍不住了，掏出酒葫芦开始往嘴里灌酒。一路赶车，一路喝酒，从我们二队到场部十六里地，这十六里地，他不知道赶过多少回马车，轻车熟路，闭着眼都能把车赶到场部，他心想会有什么问题。谁想到问题出来了，从我们二队到三队这八里地最难走，下雨后翻浆的土路，坑坑洼洼，颠簸不平，他的老闺女发着高烧一直昏睡，在马车赶到三队前面一点儿的时候，马车颠簸竟然把她给颠了出去，滚下了车后身的泥路上。他把车赶到医院前，下车准备抱闺女时，才发现闺女没有了，惊出一身冷汗，酒也醒了。

那一次，幸亏我们二队前面的路没修成沙石路，还是土路，要不还不把他的闺女给摔坏了？也幸亏那天夜里三队的人有事情，赶着马车往场部赶，刚出三队的队口，发现了地上的孩子，一看发着高烧昏迷着，赶紧抱起孩子，赶着马车往医院赶，没等大老张的马车赶出场部，就碰上了三队的车把式，都认识，一见大老张一脸汗珠子惊魂失散的样子，就知道怎么回事了。

有了这件事情的发生，几乎全队的人都数落大老张，劝他的，骂他的，一句话，都是让他千万别再喝了。他哪里听得进去？生就了骨头长就的肉一般，酒是无法从他的生活中像吃鱼剔刺一样剔出去的。

知道我和大老张关系不错，大老张老婆老找我，让我劝大老张少喝点儿。其实，我没少劝，但效果不佳，劝他的话像雨水打在水泥地板上，根本渗不进他心里一点一滴。每一次劝，他都会说：停水停电不停酒！然后，接着雷打不动地喝。

好几次，为了这个酒，我都差点儿没和他绝交，但是，每一次，看到他酒后泪流满面的样子，我的心里都非常的痛。在二队那么多知青里，他和我的关系最为密切，很多人都因为他的醉酒而远离他，甚至讨厌他，我怎么可以离开他，让他成为孤家寡人呢？再说，他确实是一个重情重义的好人。

1974年的春天，我离开二队回北京那年，他请我到他家吃饭，我说去不了，他说：咱们只是吃饭，不喝酒！我说，不是喝酒的事，是我们同学已经定好了一起聚聚。他不说话了。我临走时，他赶了过来，从怀里掏出两瓶北大荒酒送我，我真的是哭笑不得。

重返大兴岛的那天午饭，我也没少喝酒。两户人家，屋里屋外，炕上炕下，摆了好几桌，杀猪菜尽情地招呼，乡亲们问我这个人怎么样，那个人又怎么样，一个个的知青，都关心地问了个遍。就着北大荒酒的酒劲儿，乡亲们的热情，一浪高过一浪。

午饭快要结束的时候，院子里传来了粗葫芦大嗓门，叫着我的名字：肖复兴在哪儿了？一听，就是大老张，这家伙，真的是等到中午才来？早晨的酒劲儿过去了，又接着中午这一顿续上了？

我赶紧起身叫道：我在这儿！

他已经走进了屋，大手一扬，冲我叫道：看我给你弄什么来了。我定睛一看，他手里拎着两条小鱼。那鱼很小，顶多有两寸来长。

他接着对我说：一清早我就到七星河给你钓鱼去了，今天真是邪性，钓了一上午，钓到了现在，就钓上这么两条小鲫瓜子！如今的七星河不比以前了！说着，他把鱼递给身边的一个妇女，嘱咐她：去给肖复兴炖汤喝，我就知道你们什么吃的都有，就是没有鱼！

有人调侃大老张：我们还以为你喝晕过去了呢！

大老张很一本正经地说：今儿我可是一滴酒还都没有喝

呢，我说什么也得给咱们肖复兴钓鱼去，弄碗鱼汤喝呀！酒喝多了，鱼怎么钓？

这话说得我心头一热。自从认识大老张以来，这是他第一次一上午滴酒未沾。

鲫鱼汤炖好了，端上来，只有小小的一碗。炖鱼的那个妇女说：鱼实在是太小了！

大家都让我喝，说这可是大老张的一片心意！这时候，大老张已经喝多了，顾不上鲫鱼汤，只管呼呼大睡。满是胡茬儿的大嘴一张一合吐着气，像鱼嘴张开吐着泡泡，浑身是七星河畔水草的气味儿。

什么时候，有过一个人，整整一个上午，为让你喝上一碗鱼汤，而专门去钓鱼？而且，是忍痛一时也好，也要戒了他一生的嗜好。我的心里说不出的感动。独木不成林，一个地方，之所以让你怀念，让你千里万里想再回去看看，不仅仅是那个地方让你难忘，更是有人让你难忘。

我永远难忘那碗小小的鲫鱼汤，汤熬成了奶白色，放了一个红辣椒，几片香菜，色彩是那样地好看，味道是那样地鲜美。算一算，三十五年过去了，七星河还在，但是，钓鱼的人不在了。那个唯一一个上午忍着酒虫子钻心而专心坐在那里，专门为你钓鱼的人不在了。但是，曾经有这样的一个人在，有这样的一碗鲫鱼汤在，七星河对于我便非同寻常，让我永远不能忘怀。

四

挠力河在大兴岛最南端，如果从我们二队到挠力河，没有直道，必须要先往东走到农场的场部，然后，再往南走二十里左右，才可以抵达挠力河。其实，是先到七队。七队是大兴农场最南端的一个生产队。再往南走，有一个鱼梁子，和七星河前杨万子的鱼梁子一样，是人们到挠力河前歇脚的地方，只是这个鱼梁子远不如杨万子的大，只是在洼地凸起的一个土包上盖起了一间简陋的茅草房。在那里，有人会带你走到河边，因为和杨万子到七星河之间一样，前面全都是沼泽地，只有在沼泽中间有一条人们为了打鱼修成的土道，弯弯曲曲的，隐没在水草中，不熟悉地形的人，很容易一脚踩空，陷进沼泽地里出不来。

一般人，没有事情的话，是不会到挠力河去的，因为到了那里，没有路，也没有桥，交通不便。如果外出，我们只能过七星河。那时候，我们到那里去，主要是冲着河对岸的雁窝岛。因为有董必武的题词和《北大荒人》的电影，雁窝岛很出名，就像延安时期开荒种地而闻名的南泥湾，成为我们那一代知青非常渴望去的一个地方。

但是，我们大兴岛那么多的知青，只是向往，或者隔河遥望而已，真正去到雁窝岛的人屈指可数。因为同七星河一样，水流下面水草丛生，浪大水急，地形复杂，而且，这里比七星

挠力河边的鱼梁子 RUXING2017.11.

挠力河在大兴岛最南端，如果从我们二队到挠力河，

没有直道，必须要先往东走到农场的场部，

然后，再往南走二十里左右，才可以抵达挠力河。

河水面宽阔，不熟悉水路和水性的人，一般不敢驾船前往。敢闯荡挠力河的人，都属于江湖上的好汉勇士。因此，岸边有小船，只是在附近打点儿鱼吃，不会贸然将船划远。包括我在内，好多知青只是到达鱼梁子，让人带领走到河边，远远眺望，迎风怀想一下而已。其实，烟水茫茫，什么也看不见，雁窝岛只在大家的想象中罢了。然后，大家返回鱼梁子，在那里喝点儿小酒，吃吃新打上来的鲫瓜子或鲤鱼，便乘兴而归了。

我们大兴岛能够过挠力河到达雁窝岛屈指可数的人，我知道的，只有两位，其中一位，是我的初中同班同学，叫宝泉。他性格内向，干事执着，自幼爱好画画。初二那年，学校语文组的老师办了一个《百花》板报，我们班也紧跟着办起了一个叫作《小百花》的板报，和《百花》叫板。我负责文字，宝泉负责美术部分，报头、题眉、插图，都是他一人忙乎，一时在学校很出名。1963年，初中毕业，我考入本校高中，他考入工艺美术学校。一别五年，各忙各的，没有见过面，没有想到，竟然在大兴岛上和他相遇。

说来也巧，我来大兴岛不久，正是初秋时节，慕名雁窝岛，利用星期天休息，独自一人去挠力河。我先到的七队，那里有我的同学接应。中午前赶到时，正赶上饭点，和同学到食堂打饭，没有想到，巧遇宝泉。饭后，他自告奋勇，要陪我一起到鱼梁子，鱼梁子归七队管，长期住着一个人，主要负责打鱼，为七队的人改善伙食。大批知青来了之后，鱼梁子多了一项任务，带人到河边眺望雁窝岛。鱼梁子的人和他很熟悉，打

烟水茫茫，什么也看不见，
雁窝岛只在大家的想象中罢了。

完招呼之后，他不用人家带路，自己带我去了河边。虽然一路都是沼泽地，但他轻车熟路，沿着那条蜿蜒的土道，引我前行。显然，他是常到这里来，偶尔一脚踩空，踩进泥水里，由于我们事先换好了高腰雨靴，都无大碍。

那天，风有些大，到了河边，芦苇已经秀穗，开始发白了，白茫茫一片，随风摆动得很厉害，也很好看，晃动得河水和天空跟着一起晃动。秋意在这里显得很浓，也很美，很有些蒹葭苍苍白露为霜的味道，也很能使人涌起所谓伊人在水一方的想象。其实，已是很有些萧瑟的秋色了，只是那时我们都刚到北大荒，正血脉偾张，意气亢奋，没有感觉罢了。

宝泉兴致很高，踩着水，跳上小船，小船立刻摇摇晃晃，重心不稳，随时都可能翻船。我赶紧叫他上岸，别冒险！他笑着跳上岸，对我说，他一直都想自己划着这条小船去对岸的雁窝岛。话说得容易，如果真的驾着小船，得沿着河岸边的浅水划到853农场的鱼梁子，换上他们的渔船，让他们划船带着你，才能过挠力河。因为他们经常往来河上打鱼，熟谙河水，知道如何绕过水草丛生的浅滩暗流，一直把船划到河道上，才算是安全。七队鱼梁子的人，只是在水边打鱼，从来没有将船划到河道上过。因此，宝泉和我一样，从来没有过河去到雁窝岛，只是比我多几次来到河边眺望和遐想而已。我们笑彼此都是叶公好龙。

那天晚饭，我们是在鱼梁子吃的，几条鱼宰好洗净，扔进锅里，放上酱油糖醋辣椒一大堆佐料，就开始一通猛烧侉炖，就着北大荒酒，吃得很美，话也开始稠了起来。我问他：还画不画画了？他摇摇头说：天天抡锄头下地，早不画了。我劝他：还得接着画呀！你看刚才咱们看到的挠力河多美呀，要是你画出来多好啊！他接着摇头问我：画出来，给谁看呀？现在，谁还要画呀！我随口说了句：画出来给我呀！

没过多久，他还真的画出来一张画，大老远的，从七队跑到我们二队，送给我看。那时候，北大荒版画很出名，在北大荒很流行，最开始画画的，都愿意画版画。宝泉画的也是版画，画的是一片秋色里白花花的芦苇丛，是我曾经见过的挠力河边上那一片壮观美丽的芦苇丛。我对他说：画得多好啊！你有这样的才能，干吗不画呢？

宝泉的绘画才能真正被发现，应该是在1971年前后。那时候，为了迎接1972年毛主席《在延安文艺座谈会上的讲话》发表三十周年，农垦总局在搞纪念活动，绘画、文学、话剧的创作等一系列活动，由上到下，有人在组织。宝泉被抽调到我们大兴农场搞美术创作，好去参加总局的展览和评比。我很替他高兴，他终于有了施展自己才华的机会了。

可是，他却很苦恼。无论是我到场部见他，还是他专程到我们二队找我，都耷拉着苦瓜一样的脸。我问他怎么了？你能够画画了，而且公家给你买笔买刀买颜料，你多美呀，怎么倒不高兴了呢？别身在福中不知福了！他说他画了好几幅画，都是木刻画，但都没有通过，说他的画思想性不够。那时候，强调知识青年和工农兵相结合，强调屯垦戍边，防修反修，他画的还是那些芦苇丛、达紫香、梅花鹿之类，当然通不过了。

总局的会展时间迫近，他还没有完成他的作品，很是着急，再一次找我。我和他一起商量了好几次，最后商量出来这样一个主意，画面上是深夜里一位知青为难产的母马接产，小马驹终于出来了。我特意嘱咐他，要让母马和小马驹各自的眼睛相互对视有个交流，另外，知青最好是个女的，胸前佩戴着毛主席像章，身上背着一个书包，书包上要有北京两个字，另外，地上要有一盏马灯。他很同意，很高兴地回场部了。

没过两天，他的木刻画完成了，画面和我们商量的一样，母马和小马驹与女知青的位置很恰当，马灯暖色的火焰温暖着整个画面。我觉得挺不错的，只是画幅不大，只有一本书那样大。这要是在展览中，会不大醒目，很容易被淹没。但是，遗憾归遗憾，已经没有时间了，就这样，他把这幅题名为《新生》的木刻画送到总局展览，参加比赛。

《新生》没有得奖。他落寞而归，很有些失落。但是，在总局，他结识了一批画画的知青，很多是中央美院附中的学生，个个身手不凡，才华横溢。这些当初参加展览和比赛的学生中，以后很多成为了有名的画家。其中，有一位女画家，他最为心仪，在心里埋下了种子，暗暗使劲儿，无法忘怀。只是，他回到我们大兴岛，谈的还是他的画，没有对我说起这个人。

一直到很久以后，大约是到了第二年的春天，那时，我被调到七星师部宣传队。农场有人回北京探亲，路过七星，到我这里，闲聊说起宝泉前不久过挠力河到雁窝岛去了。还问我：你知道吗？

我还真的不知道，多少有些奇怪，来北大荒好几年了，他一直倒是想去雁窝岛看看，但一直都没有去，为什么这时候想起来去了呢？

让我最为吃惊的是，来的人告诉我：他可是自己一个人游泳过的挠力河呀！这实在是超乎我的想象。春天，刚开化的挠力河水该是多么冰凉呀，都说是春水如刀呀。而且，水面那样的宽阔，水草那样的错综复杂，水路那样的不熟悉，又是独自一个人游泳，连个伴儿都没有，万一被浪打翻灌进水，或是被卷进魔鬼一样的旋涡里，或是被水草如蛇一样缠裹，或是腿冻得抽了筋，可是一点儿救都没有呀。河边有船呀，即使真的要过河，撑船也比游泳强呀。他为什么不听别人的劝告，非要独自一人逞这个能呢？

我百思不得其解，为他隐隐担着心。

一直到好多天过去之后，我从七星回到大兴，见到宝泉，问他怎么敢一个人游泳过挠力河。他笑笑说：越传越邪乎，我怎么敢一个人游泳过挠力河，我是冬天过去的。

冬天过河，也不容易，虽说河面结冰，但河面很宽，两岸都是萧瑟的芦苇，模样一样，很容易走着走着迷失方向，在北大荒叫作“鬼打墙”。我奇怪地问他：为什么大冬天的你心血来潮跑过挠力河到雁窝岛去呀？

确实不容易，他是清早从七队出发，一直到晚上才走到了雁窝岛。那次，我见到他的时候，他没有告诉我为什么大冬天的心血来潮跑到雁窝岛去，他只是告诉我从雁窝岛回到七队，就挨了一顿批判，没说他冒险，说他没有请假。

过了很久以后，我才明白他为什么如此孤胆英雄一般独闯挠力河，为的是会雁窝岛上的一个人。这个人就是一年前他参加总局展览时见到的那个同样参加展览的北京女知青。

只有爱情才有这样强悍的力量。分别之后长时间的通信，解决不了思念之渴，牛郎织女还有鹊桥相会呢，没有鹊桥，他便用自己的力量去建造起横跨挠力河的一座爱之桥。独闯冰雪挠力河，成为他一生最荡气回肠的得意之作，超过他以后创作的所有画作。在我们大兴岛，乃至整个北大荒，知青爱情中，令人感慨感动的有很多，但没有一个如他这样独自一人在风雪交加中横渡挠力河抵达雁窝岛的。如此爱的勇气，爱的力量和爱的深度，成为了一段传奇。

以后，有情人终成眷属。雁窝岛上的女知青终于成为了他的妻子。

多年以后，在北京中华世纪坛的一次美展中，我第一次见到了这位女画家。坦率地讲，无论从长相，还是从绘画的才能，她都要比宝泉强上一筹。我私下猜想，宝泉之所以能够抱得美人归，要感谢那条挠力河。是这条河考验了他，也成全了他。当然，也可以这样说，因有了他这样的一段传奇，使得这条河也被赋予了传奇色彩，从而更让我怀念。

五

关于挠力河，还有另外一个传奇，让我们很是难忘。

同样发生在七队。有一个叫盛贵林的北京知青，从七队调到我们农场的加工队。这是农场的新建队，是生产队之外的附属队，为生产队服务的，主要工作是磨面、榨油、做烧酒，供应全农场的吃喝。加工队的建立，是农场发展的结果，能够调到那里去，大多是懂行的行家里手，是不那么容易的。

加工队新建的酒坊，烧出来的第一锅酒，当年在我们大兴岛也算是一件大事。豪爽的北大荒人，怎么可以没有酒喝呢？尤其在冬天的火炕上，白雪红炉，关东烟，烈性酒，老毛嗑儿（葵花子），成为了那时的标配。

酒坊里有一个姓韩的师傅新生的婴儿缺奶，在那时的加工队也算是大事。没办法，韩师傅两口子只好喂一些玉米糊糊或者面汤，孩子哪里吃得饱，整天嗷嗷地哭啼，让盛贵林动了恻隐之心。听说喝鱼汤可以催奶，便想到在原来所在的七队时，到挠力河捉鱼是手到擒来的事，即使没有北大荒谚语“棒打狍子瓢舀鱼”说得那样邪乎，但总该不是什么难事。他想到挠力河给师傅弄几条鱼来，给师娘熬汤喝。

如果是平常的日子，到挠力河弄鱼，别说是几条，就是几十条也没有问题。从春天开化，到冬天结冰之前，挠力河就是七队自己的鱼塘。在我们整个大兴岛，吃鱼最方便最多的，就得属七队。在我的记忆里，我在二队基本没有吃过鱼，要想吃鱼，就去七队找同学。他们的鱼梁子主要的任务就是打鱼，经常是整麻袋的往队上送鱼。这在他们队得天独厚，是沾了挠力河的光。

盛贵林想给师傅弄鱼吃，是什么时候呀。正是数九寒天，挠力河的冰已结了一两尺厚的一层。鱼梁子的人早都撤了下来，猫在自己家火炕上呢。这时候打鱼，不是异想天开吗？

但是，盛贵林心疼师傅，心疼师傅刚呱呱坠地的孩子，执着地非要给师傅弄两条鱼吃不可。他请下假，从加工队往七队赶。天寒地冻，正临近春节，路上人很少，赶到七队已是黄昏，在路口碰见赶牛车的当地老农杨德云。听说盛贵林大老远的从加工队回来是为了弄几条鱼，给师娘下奶喂嗷嗷待哺的孩子，一把拉住了他，把他拉到自己的家里。

这时候，谁家里也不会有鱼呀，到挠力河里弄鱼，除非凿冰去取，这数九寒冬的，还不把他一个北京小知青冻个半死？从七队到挠力河，穿过队最南头的菜园，抄近路，也有五六里地远。这五六里地，是一片荒野，在夏天，是沼泽地，除了野鸭、野雁、水獭，没有什么别的凶猛的动物，但到了冬天，荒草萋萋，常是野狼出没的地方。先别说去挠力河了，就是在这半路上，遇到狼也够他一个人招呼的。杨德云怎么能够让他一个北京的小知青冒这个险呢？

杨德云把盛贵林拉到自己的家里，让老婆先做了个烙饼摊鸡蛋（那年月里鸡蛋就是稀罕物），再让老婆把炕烧热，把炕头让给盛贵林，把家里唯一一床新被子褥子给盛贵林，然后，对盛贵林说：你一路也累了，先睡吧！

盛贵林还惦记着给师傅去弄鱼呢，师娘等鱼汤催奶，着急的事呀。杨德云拍拍他的肩头，说：你安安稳稳地把心放进肚子里，鱼的事情，包在我身上，明天你回加工队，我一准儿让你把鱼带走。

他说得那么坚决，盛贵林放心了，加上肚子里有了食，一路跑得也累了，躺下没一会儿就呼呼入睡了。

半夜让尿憋醒，盛贵林拧亮油灯，看见炕上没有了杨德云，只有他老婆躺在光板的炕上，睁着大眼，还没有睡，见盛贵林醒了在发愣，对他说：老杨他有点儿事出去了，一会儿就回来！

盛贵林哪里想到，杨德云是到挠力河给他凿冰捉鱼去了。对于七队的老人来说，靠山吃山，靠水吃水，靠近挠力河吃鱼，冬天凿冰捉鱼，并不是什么难事，即使是数九寒冬，也不在话下。但那都是在白天干的活儿，谁会在大半夜里去呀？而且，河水的冰层已经冻成一两尺厚，白天一般都是用炸药把冰层炸开，捉鱼相对容易些。这大半夜的，老杨只能用冰穿子一点儿点儿把冰层凿穿，零下四十多度的天气呀，穿多厚的衣服，也会被风打透。把冰凿穿，把鱼捉上来，人还不得冻成冰棍呀！老杨呀，老杨，只是为了我要的两条鱼呀！

但是，盛贵林没有想到，老杨心里想的是，一个北京的小知青，为了自己师傅的孩子，那么远的跑回了七队，一心一意想弄两条鱼，这一份情意是多么难得，多么让人感动，再冷再难，这一夜里也要把鱼给他弄到手。

盛贵林更没有想到的是，老杨好不容易从冰封的挠力河里把鱼弄到手，回来的路上，深更半夜的，就怕遇到狼，却冤家路窄，真的遇到了狼。

那真的是惊险的一幕。不是一头狼，而是一群狼。黑夜里，绿色的小眼睛里的贼光，闪烁在老杨的身前身后，他被狼群包围了。冬天里饥肠辘辘的狼是要吃人的。老杨不由得吓出一身冷汗。

这荒野里，谁也救不了自己，他和狼群对峙着，他知道，这样的对峙是短暂的，他必须要先出手和狼群过招儿。他想起袋里刚刚从挠力河捉到的鱼，这是他唯一的子弹，他先掏出一条鱼，像投手榴弹一样，向狼群扔了过去，狼不知道遇到了什么样的武器，吓得后退，一看落在雪地上的鱼没动，一头狼跑了过来，闻了闻，没吃，又退了回去。

他又扔出第二条鱼，狼还是没吃，也没动。他把袋子里的鱼都扔光了，狼开始向他进攻了。一头小狼冲在最前面，一口咬住他的脚，拖着他就跑，其他的狼跟在后面追，一直把他拖到一片灌木丛里，就听见身后一阵撕心裂肺的惨叫，在寂静的荒野里是那样的瘆人。他和拖他跑的小狼，以及那一群狼都禁不住回头张望，原来是一头狼被夹子给夹住了。这种钢丝盘做成的夹子，是七队人专门用来套狍子的，没想到这关键时刻套住了狼，帮助了他。真是天无绝人之路呀！

这种夹子的劲头儿特别大，狍子比狼个头儿还要大，夹上了就没得跑。小狼和其他狼都往回跑，跑到夹子前。老杨也跑到夹子前，看见那狼的腿已经被夹断，他掏出别在腰间杀鱼用的鱼刀子，怒吼一声，一把刺死了那头狼。那一声在荒野的夜空激荡地回响，血花飞溅在四周的雪地上，那一刻，老杨被自己的喊声和动作所惊骇，站立在那里，如同一个顶天立地的巨人。其他狼立刻吓得如鸟兽散。

非常吊诡的是，居然有几头狼又跑了回来，把嘴里叼的鱼扔在老杨的身前，就像落败之师投降时的缴械。

一个叫杨德云的当地老农，为了几条鱼九死一生的经历，比宝泉的经历更为惊险和传奇。和宝泉一样，杨德云为挠力河平添了一抹传奇的色彩。

记得德国作家埃米尔·路德维希曾经写过《尼罗河传》一书，这本书的副标题是“一条河的传奇”。虽然，尼罗河是一条大河，一条有名的河；环绕我们大兴岛的七星河和挠力河，不是大河，也不是有名的河，但是，一样拥有它们不凡的传奇。我应该为这两条河作传。

黄檗罗镰刀把

一

2004年的夏天，我回到北大荒。那是自1974年离开那里之后我第二次回北大荒。没有想到，竟然是最后一次见到赵温。

1982年，我大学毕业后利用暑假第一次回北大荒，过佳木斯和富锦县城，准备过七星河回我当年所在的大兴岛二队之前，天已黄昏，必须要在建三江住一宿。一切安排好，服务员把我引到宾馆的房间，屁股在椅子上刚刚坐下，一位建三江的朋友，就进门迫不及待地对我说：告诉你两个事，一个是赵温已经从大兴二队调到建三江粮食加工厂来了，一个是你们原来二队的队长因为喝知青的血贪污受贿被双开（开除党籍、开除公职），整你的工作组组长得癌症死了。

2004年这一次也是这样，简直是1982年那一幕的重演。我刚进房间，也是屁股在椅子上刚刚坐下，房门敲响了，进来一位建三江的老朋友，见到我寒暄没几句话，就告诉我：赵温

2004 年的夏天，我回到北大荒。

那是自 1974 年离开那里之后我第二次回北大荒。

没有想到，竟然是最后一次见到赵温。

不在家。原来，他早好心在我到达建三江之前就替我找赵温去了。

谁都知道，在北大荒当地老农中，赵温和我的关系非同一般。

我心里一沉，莫非他到外地去了？

来人对我说：他儿子说他去看庄稼了。说完又补充道：他承包了几百亩麦子地，现在正是要麦收的时候，他儿子说他在麦子地边搭了一个窝棚，夜里就睡在那里，看庄稼呢。

我松了一口气，他没有外出，还在建三江，麦子地再远，也是能够找到他，能够见到他的。

来人又告诉我：我已经告诉他儿子了，说你来了，让他儿子立马去找他，他承包的那块地整得挺远，看他今晚上能不能赶回来。

想起上次到建三江，我迫不及待地找到他搬去不久的新家，看望他时相见甚欢的情景，还清晰得如在目前。一晃二十二年过去了，一切真是恍然如梦。

二

我和赵温的友情，要上溯到1968年我刚到北大荒的时候。

想想那时候，我真的是非常的好笑。年轻的时候，大概谁都是心高气傲的吧。那时，我也是一样，自以为是，急公好义，路见不平，拔刀相助。用当时东北老乡的话说，其实就是傻小子睡凉炕——全凭火力壮。

1968年，我二十一岁。只因为看到队里的三个所谓的“反革命”，认为并不是真正的反革命，而绝对是好人，尤其是看着他们的脖子上用铁丝勒着挂着三块拖拉机的链轨板挨批斗，更是于心不忍。要知道每一块链轨板是十七斤半重，每一次批斗下来，他们的脖子上都是鲜血淋淋，铁丝在肉里勒下深深的血痕。于是，我带头出场了，自以为是样板戏里的英雄人物李玉和出场一样呢，要拯救那三个人于危难之中。

那一年刚入冬，踏雪迎风，身后甩下无边无际的荒原，心里充塞着小布尔乔亚的悲天悯人情怀。我走进的第一家，是二队最北的一间拉禾辫盖的泥草房。我看见那家里穷得盆朝天碗朝地的，一盏马灯昏暗的灯光下，男人的老婆穿着一件跑了花的破棉袄，揽着两个孩子，蜷缩在炕上，而男人自己则穿着一件单薄的破棉袄。寒风醉汉一样使劲儿拍打着窗户，发出怪异的嘶鸣。不知道我哪儿来的一股子劲儿，当场脱下临来北大荒之前姐姐给我的那件崭新的棉大衣，披在他的身上，感觉良好地当了一回救世主。他披着棉大衣，一双细长的眼睛眯缝着，紧紧盯着我，没有动窝，也没有说话。

他就是赵温。一个革命烈士的后代，莫名其妙被诬打成反革命。他是二队的木匠，干得一手好木匠活儿，唱得一腔好嗓子京戏。多少年过去了，他始终记着我的那件棉大衣。我始终记着我们之间的友情。

我根本没有想到，我替赵温鸣冤叫屈，越走越近的时候，已经走到了危险的悬崖边上，断头台就横在我的面前。上级派来的工作组进队了。这是队上的头头搬来的救兵，要演出一场气势汹汹的借刀杀人。工作组进队的头一天一大清早，便召集全队人马在食堂里开会。因为在场院上脱了一宿的谷子，我当时正猫在赵温家的火炕上，想睡个安稳的觉，哪里会想到大祸就要临头。工作组组长指名要我必须参加大会，别人却哪里也找不到我，问谁谁也不说我在哪里。队上的头头亲自出马了，他料事如神一般，推开赵温家的房门，一脸在我看来有些谄媚的笑，其实是得意的笑里暗藏杀机。

我被叫到了食堂，黑压压的人群簇拥着台上新来的工作组组长，军大衣不是穿而是披在身上，《林海雪原》里的少剑波一样，带着几分潇洒倜傥。当他看见队上的头头向他挥了挥手，知道我已经来了，便开始极其严厉地说起了一长段火药味儿很浓的话。其他的话我已经记不住了，但有这样一句话至今清晰在耳，那就是他声音高亢地说：肖复兴是过年的猪，早杀晚不杀的事了！那一刻，几乎所有人的眼睛都投向我这一边，目光像是聚光灯似的落在我身上。

紧接着，工作组组长找我谈话。这位年纪和我一样大、一样66届老高三毕业的组长，是友谊农场党委书记的秘书，他开始向我大背整段整段的马克思、恩格斯和列宁关于无产阶级专政下继续革命的语录，密如蛛网遮下来，雨打芭蕉落下来，先把我说晕，然后，义正词严地指出我和队上的党支部对着干而为三个“反革命”翻案性质的严重性。显然，他和队上的头头已经认定，我是这群骚动知青的罪魁祸首。

一天收工后的黄昏，一个同学悄悄地问我：你的日记里有什么怕别人看的东西没有？

我连想都没有想，对他说：没有。

他嘱咐我说：你还是先仔细看看，得留神那帮人。

果然，如他所料，工作组查抄了我写的所有日记，还有当时我写的几本诗。

我知道，一切已经在劫难逃，心里一下子灰暗下来，心想三个“反革命”没有能够平反，自己倒先折了进去，真有些出师未捷身先死的味道。所有的朋友都为我担心，我自己更不知道未来迎接我的是什么样的命运。我只是知道，就是这时候，我和赵温的关系更加密切，因为不可测的命运已经把我们连接在一起，成为了一根绳子上拴的两只蚂蚱。如果说最初对于赵温，我还多少有些普度众生的居高临下的感觉的话，那么现在，我已经和他一起成为众生搭救的对象。

从那以后，我和赵温的友情越来越深，保持到现在长达四十余年之久。那友情，真有点儿生死之交的味道，清晰得犹如他手中墨盒在木头上画下的黑线，深得犹如他手中锯断的木桶一般粗的原木的锯辙，纷纷锯末如雪，撒在我们的身前身后。

第二年，赵温终于被摘下了“反革命”帽子。这一年麦收的时候，赵温拉上我到七星河边底窑的老林子里，找到一根黄檗罗木。我问他干什么，他说用它给你做个镰刀把。那时候，我不认识黄檗罗木，他告诉我这种木头外软内硬，做镰刀把使着最可手，不磨手。他还告诉我，这种木头珍贵，一般都用它做枪托。

我第一次见这种树，禁不住抬头看了看，十几米高，枝叶参天，很茂密。他用斧子砍下一根枝杈，恰到好处地有个弧度，他随波就弯，用斧子削了削，递给我说：看合不合适？握在手里，还真合适。再仔细看，它的树皮很厚，很柔软，剥去表皮，木栓层那种鲜黄的颜色，让我的眼睛一亮，我还从来没有见过这样黄得灿烂如金的树木。中间的木质部分，依然是黄色，只是淡了一些，不过那种柠檬一般的黄色，让人感觉是那样的清新而纯净。

这把黄檗罗镰刀把，确实好使，让好多人羡慕，我一直使到离开北大荒，舍不得给别人，又还给了赵温。我知道，这是他的一份心意。北大荒朴实的木匠，只要觉得你对他真的好，就会千方百计地把他的好回馈给你，就像你给了他一把斧头，他恨不得立刻砍下一棵大树给你。

三

1971年，我被临时调到建三江管理局宣传队创作节目。春节前，宣传队放假，队里的知青都早早回各自的农场或生产队过年去了。我因一点儿事情耽误了，想在年三十晚前赶回二队，不耽误大年夜的饺子就成了。如果一切正常，乘公交车一

北大荒朴实的木匠，只要觉得你对他真的好，

就会千方百计地把他的好回馈给你，

就像你给了他一把斧头，

他恨不得立刻砍下一棵大树给你。

个多小时就到，便胸有成竹。

那时候，是我来北大荒的第三个年头，前两个春节都是在二队过的。年三十的晚上，我们十几个要好的知青，都到赵温家聚会，拥挤在热烘烘的炕头上，腾出炕下的空地，大概有三五平方米，成为那时我们春晚的舞台，每人就在那里轮流有模有样地表演一个节目，唱歌跳舞，或者是清唱样板戏。最后，赵温要伸长了脖子唱一段字正腔圆的京剧。那两个年三十的夜晚，曾经吸引了队上不少的人，特别是邻家的小孩子们，趴在赵温家屋外的窗户上，透过结满冰凌花的窗玻璃，观看我们火爆的演出。

我想在年三十晚上赶回去就可以了，就可以不耽误饺子，不耽误我自己准备好的节目，看大家的节目。谁想到年三十天没亮就把我冻醒了，开始以为是偌大的宿舍因为就我一人，屋子太空旷，要不就是炉子灭了的缘故。起来往窗外一瞧，才知道大雪封门，刮起了大烟泡儿，漫天皆白，难怪再旺的炉火也抵挡不住寒气逼人。心想：糟了，这么冷的天，这么大的雪，去大兴岛的车还能开吗？但是，还是抱着一线希望去了汽车站。那里的人抱着火炉子正在喝小酒，头也没抬，说：还惦记着开车呢？看看，水箱都冻成冰坨了！

我的心一下子也冻成了冰坨。天远地遥，天寒地冻，这个年只好我一人孤零零过了。说心里话，来北大荒三年了，虽然艰苦，但每一个年都是和同学、老乡一起过的，便也都是乐呵呵的，暂时忘掉了思家之苦。现在，就要我独自过年了，漫天飞雪，天又是如此寒冷，而且师部的食堂都关了张，大师傅们都早早回家过年了，连商店和小卖部都已经关门，命中注定，别说年夜饭没有了，就是想买个罐头都不行，只好饿肚子了。

大烟泡儿从年三十刮到了年初一早晨，也没见有稍微停一下的意思。望着窗外寒风呼啸，大雪纷飞，百无聊赖，肚子又空，想家的感觉袭上心头，异常地感伤起来。我一直偎在被窝里，迟迟地不肯起来，睁着眼，或闭着眼，胡思乱想。

大约九、十点钟的时候，忽然听到咚咚的敲门声，然后是大声呼叫我名字的声音。由于大烟泡儿刮得很凶，那声音被撕成了碎片，显得有些断断续续，像是在梦中，不那么真实。但仔细听，确实是敲门声和叫我名字的声音。我非常奇怪：会是谁呢？在这里，我仅仅认识的宣传队的人一个个都早走了，回去过年了，其他的，我没有一个认识的人呀！谁会在大年初一的上午来给我拜年呢？

满怀狐疑，我披上棉大衣，跳下了热乎乎的暖炕，跑到门口，掀开厚厚的棉门帘，打开了门。吓了我一跳，站在大门口的人，浑身是厚厚的雪，简直是个雪人。我根本没有认出他来。等他走进屋来，摘下大狗皮帽子，抖搂下一身的雪，我才看清是赵温。天呀，他是怎么来的？这么冷的天，这么大的雪，莫非他是从天而降不成？

我肯定是瞪大了一双惊奇的眼睛，瞪得他笑了，对我说：赶紧给我倒碗开水喝，冻得我骨头缝里都是风了！我赶紧从暖水瓶里给他倒了一碗开水，这是我这里唯一可以吃喝的东西了。我赶紧又去拿洗脸盆，想给他倒热水洗把脸，暖和一下。他拦住了我：这时候可不敢拿热水洗脸！说着，他蹲下来，捡起点儿地上刚刚被抖落的残雪，使劲儿地擦手擦脸，直到把手和脸擦红擦热，才说：行啦，没事了。你去拿个盆来！我这才发现，他带来了一个大饭盒，打开一看，是饺子，个个冻成了硬邦邦的坨坨。他笑着说道：可惜过七星河的时候，跌了一跤，饭盒撒了，捡了半天，饺子还是少了好多，都掉进雪坑里了。凑合吃吧！

我立刻愣在那儿，望着那一堆饺子，半天没说出话来。这些饺子就不少了，足够我吃几顿了，他可是真没少带呀。我知道，他是见我年三十没有回队，专门来给我送饺子的。如果是平时，这也许算不上什么，可这是什么天气呀！他得多早就要起身，三十多里的路，他得一步步地跋涉在没膝深的雪窝里，他得一步步走过冰滑雪滑的七星河呀。以至事隔多年之后，一想起那样的情景，就会让我无法不感动，总觉得是一幅北大荒最动人的木刻画。

真的，我过过那么多个春节，吃过那么多次饺子，却没有过过那样的一个春节，没有吃过那样的一次饺子。当然，也再没有遇到过那样冷那样大的风雪。

我永远记得，那一天，没有锅煮饺子，我和赵温便把一个洗脸盆刷干净，用那只盆底是朵大大的牡丹花的洗脸盆煮的饺子。饺子煮熟了，漂在滚沸的水面上，那一只只饺子像一尾尾银色的小鱼，被盛开的牡丹花托起。

四

1974年，春节过后的初春，我告别北大荒回北京的时候，朋友帮我从木材场找来许多木头，每一块都两米多长，我觉得没办法运回北京，就找赵温帮我锯断，化整为零，好带回家。赵温看看那一堆木料，对我说：你看看，不是水曲柳就是黄檗罗，都是好木料呀，锯断了多可惜，回家就没法子打大衣柜了，你还得结婚呢。

他说得我心头一热。是啊，我是还要结婚，那时候结婚都讲究打大衣柜。他想得很周全。

于是，他没有帮我锯断木头，而是找来木板，帮我打了两个硕大无比的木箱子，把这些长长的木料分别装进去。他把那有好几寸的长钉子一个个钉进木箱盖，最后用他的那大头鞋死劲儿地踢了踢箱子，对我说：挺结实，就是火车搬运工摔也摔不坏了！然后，他弯腰蹲在地上，一边拾起没有用完的钉子和榔头等工具，一边又对我说：装一个箱子太沉，没有法子运，即使能运，到了北京，你自己也搬不动。

他想得很仔细。望着积雪没有融化的地上，散落着被斧头削砍下的木屑，新鲜得如同从雪中滋生出来的零星的碎花和草芽，我心里很感动。我不知道该说些什么，他也不再说话，装上一袋关东烟，知道我不抽烟，自己一个人默默地抽着。有时候，真的觉得，好多最深切的感情，往往不是用语言能够表达的，沉默，往往是最好的表达方式，尤其是男人之间的沉默，就像那夜色下深深的湖水，没有涟漪，没有云光月影，甚至看不见湖面的轮廓和湖底的深浅，却能够让你明显地感受到它的存在，清冽而湿润的水气，扑面而来。

我们就那么默默地站着，一直等到朋友赶来了一辆老牛车，我们一起把那两个大箱子抬到牛车上面。我坐到车上，朋友要赶着这辆老牛车慢悠悠地跑上十六里，帮我把木头运到场部，明天一清早和我一起离开大兴岛，到福利屯坐火车回家。

我和赵温就这样告别了，没有拥抱，没有握手，甚至没有说一声再见。我永远也不会忘记，那是一个落日的黄昏，在开阔而平坦的大兴岛原野上，由于无遮无挡，夕阳显得非常明亮，像是一个巨大的红灯笼，一直挂在西天的边上，迟迟地不肯下坠。

离开北大荒那么多年了，虽然，平常和赵温也没有什么联系，平淡如水，但清澈如水的友情，往往更加具有持久的生命力。我始终相信，即使我们平常没有什么信件或电话往来，但彼此的心是连在一起的。这就是男人之间的友情，区别于男女之间哪怕是再好的恋情的地方，因为男女之间可以好得如胶似漆，却也可以在瞬间反目为仇、不共戴天，甚至血溅鸳鸯。而男人之间的友情，绝对不会出现这样的情景。所以如果说，男女之间的恋情，必须要举行堂皇的婚宴的话，男人之间的友情却只需要家常的粗茶淡饭。所以一般我们常常听到这样惯常的说法，爱情是白头偕老，友情是地久天长。白头偕老，是一辈

离开北大荒那么多年了，
虽然，平常和赵温也没有什么联系，平淡如水，
但清澈如水的友情，往往更加具有持久的生命力。

子，而地久天长，则是永恒。

五

2004年夏天那一晚，在建三江宾馆里，我一直在房间里等赵温。

当一切事过境迁之后，对知识青年上山下乡那场轰轰烈烈的运动，历史严峻的回顾与评价，和一般人们的回忆与诉说，竟然是如此地不同。也许，历史讲究的是宜粗不宜细，而一般人们却是宜细不宜粗吧？因为那些被历史删繁就简去掉或漏掉的细处，往往是一般人们最难忘记的地方，是与一般人们的生命生活和情感休戚相关的人与事吧？同样是一场逝去的往事，历史学家和一般人从中打捞上来的是多么地不同，前者打捞上来的是理性，如同鱼刺、兽骨和树根，硬巴巴的，后者打捞上来的则是如同水草一样的柔软的东西。在那场现在评说还存在着是是非非的上山下乡运动中，悲剧也好，闹剧也好，牺牲了我们一代人的青春也罢，毕竟至今还存活着我们和当地农民的那种淳朴的感情，以及由此奠定的我们来自民间底层的立场，这是唯一留给我们的慰藉，是开放在北大荒荒原上细小却芬芳的花朵，是那些对于一般普通人最柔软的部分，也是最坚定的部分。也许，这就是历史揉搓的皱褶中的复杂之处，是扭曲的时代中未被泯灭的人性。是的，历史可以被颠覆，时代可以被拨弄，命运之手可以翻手为云覆手为雨残酷无情，人性却是不可以被残杀殆尽的。这就是人性的力量，是我们普通人历尽万难不屈而能够绵延下来的气数。

那一晚，赵温始终没有来，见到他，是从大兴岛返回建三江的时候。已是黄昏，推开我住的房间，暗影里坐着个人，我一眼看见，赵温坐在那里。

他是那样地瘦，瘦得像一张剪纸，只有一双眼睛还是那样地明亮，仿佛能够洞穿世上的一切。他已经坐在这里等候我好久了。

我冲过去，握住他的手，刚要说话，问他怎么这么瘦，就拥进了好多人，热情的寒暄，嘈杂的声浪，灌满整个房间。赵温坐在房间角落里的一把椅子上，静静地看着，听着，不说一句话。天不知道什么时候已经黑了下来，他悄悄地站起来，按下墙上的开关，吸顶灯亮了，房间里洒满温暖的光芒。

那天，是我见到他的最后一面。橘黄色的温暖灯光下，枯叶蝶一样瘦削的身影，是他留给我的最后印象。

那天晚上，当所有人走了之后，我们两人聊了很久，一直到半夜，起风了，北大荒夏天的风，粗犷地嘶鸣着，吹卷得窗外的柳树枝条肆无忌惮地摇摆着，扑打在玻璃窗上，发出强烈的阵阵轰鸣。他站起身来，临别时，说有件东西送我，留个纪念。从书包里掏出，是一把黄檗罗的镰刀把。虽然已经很旧，我一眼便认出，那是三十多年前他为我做的那把镰刀把。

起风了，北大荒夏天的风，粗犷地嘶鸣着，
吹卷得窗外的柳树枝条肆无忌惮地摇摆着，
扑打在玻璃窗上，发出强烈的阵阵轰鸣。

椴树蜜

一

那年，我回北大荒，车子跨过七星河，来到大兴岛，笔直朝南开出大约十里地，开到三队的路口。青春时节最重要的记忆，许多都埋藏在这里。因此，车子刚刚往东一拐弯，我犹豫了一下，因为是集体的行动，怕影响大家整体行程的安排，但在那一瞬间，话还是忍不住脱口而出：要不让我下车去看看老孙家吧？下午我再到场部找你们。那声音突然地响起，而且是那样地大，连我自己都有些吃惊。

回北大荒看望老孙，一直是我心底里的一种愿望。这种愿望自登上北上的列车，就越来越强烈，在三队路口一拐弯，更加不可抑制。

老孙，是我们二队洪炉上的铁匠，名叫孙继胜。他人长得非常精神，身材高挑瘦削，却结实有力，脸膛虽瘦长，双目明朗，年轻时一定是个俊小伙儿，他爱唱京戏，“文化大革命”

回北大荒看望老孙，一直是我心底里的一种愿望。
这种愿望自登上北上的列车，就越来越强烈，
在三队路口一拐弯，更加不可抑制。

前曾经和票友组织过业余京戏社，演程派青衣。

他是我们队上地地道道的老贫农，老党员，是在我们队上说话颇占分量的一个人。他夏天打铁的时候，爱光着脊梁，套一件帆布围裙，露出膀子上黝亮的腱子肉，铁锤挥舞之中，迸溅得铁砧上火星四冒，像有无数的萤火虫在他身边嬉戏萦绕着。能够找他为自己打一把镰刀，在我们二队是值得骄傲的事情。我曾经到洪炉找过他，请他为我打一把镰刀，他二话没说就答应了，没过几天就忙里偷闲替我打好了。我去洪炉取镰刀时，看到他光着脊梁干活儿的情景，觉得那是我们队上最美的一幅画。在二队的时候，我曾经写过一首诗《二队的夜晚》，里面专门写了洪炉夜晚老孙打铁这样美丽的情景。令人欣慰的是，当时，很多知青把这首诗抄在笔记本里，至今居然还有人能够背诵。其实，当时这首诗主要是为了写老孙，记录我对老孙的一份感情。

这份感情，就像洪炉上淬火迸发出火热而明亮的火星一样，发生在1971年的冬天。那一年，我二十四岁。

二

我和同来北大荒的九个同学，因为替队里的三个所谓的“反革命”鸣冤叫屈，得罪了队上的头头，他们搬来了工作组，认为我是为首者，便准备枪打出头鸟，先是查抄了我的所有日记和写的所有的诗。在那个鸡蛋里都能够找出骨头的年代

夏天北大荒农家 EUXING 2017.11

里，欲加之罪，何患无辞？他们轻而易举便找出了我写的这样的诗句：南指的炮群，又多了几层。这明明是指当时珍宝岛战役之后要警惕苏修对我们的侵犯，却被认为那“南指的炮群”指的是来自台湾，最后上纲到：如果蒋介石反攻大陆，咱们北大荒第一个举起白旗迎接老蒋的，就是肖复兴！现在听起来跟笑话似的，但从那时起，几乎所有的人都像是躲避瘟疫一样躲避着我。这时候，我知道，厄运已经不可避免，就在前头等着我呢。

那一天收工之后，朋友悄悄地告诉我，晚上要召开大会，要我注意一点儿，做好思想准备。我猜想到了，大概是要在这一晚把我揪出来，和那三个“反革命”一勺烩了。因为早几天前，这样的舆论就已经在全队雾一样弥漫开了。队上的头头走路，都情不自禁地鹅一样昂起了头。

那一天晚上飘起了大雪。队上的头头和工作组组长都披着军大衣，威风凛凛地站在了食堂的台上，我知道躲过了初一躲不过十五，便硬着头皮，强打着精神，来到了食堂。就在前不久，也是在这里，我还慷慨激昂、振振有词地为那三个“反革命”鸣冤叫屈，把当时的会场激荡沸腾得如同开了锅，如今却一下子跌进了冰窖。我虽然做好了思想准备，心里还是忍不住瑟瑟发抖，我不知道待会儿真的要揪到台上，我会是一种什么狼狈样子，他们会不会也在我的脖子上挂链轨板？我一下子如同丧家之犬，只好无可奈何地等待着厄运的到来，这才知道英雄和反革命这两类人物，其实都不是那么好当的。

谁能够想到呢，那一晚，工作组组长声嘶力竭地大叫着，一会儿说阶级斗争的新动向，一会儿重复着说如果蒋介石要反攻大陆真打过来了，咱们队头一个打白旗出去迎接的肯定是肖复兴……然后，又非常明确地指着我的名字，拖出他刚进我们二队时说过的话，说我是过年的猪，早杀晚不杀。总之，他讲了许多，讲得都让人提心吊胆，但是，一直讲到最后，讲到散会，言辞虽然激烈，却没有把我揪到台上去示众。我有些莫名其妙，以为今晚不揪了，也许放到明晚了。

我坐在板凳上一动不动，等着所有的人走尽了，才拖着沉甸甸的步子走出食堂。我忽然看见食堂门口唯一的一盏马灯的灯光下面，很显眼地站着高高个子的一个人，他就是老孙。雪花已经飘落他的一身，就像是一尊白雪的雕像。

那时，四周还走着好多的人，只听老孙故意大声地招呼着我：肖复兴！那一声大喝，如同戏台上的念白，不像青衣，倒像是铜锤花脸，字正腔圆，回声荡漾，搅动得雪花乱舞。

紧接着，他又大声说了一句：到我家喝酒去！然后，大步走了过来，一把拉住我的胳膊，当着那么多人，其中包括队上的头头和工作组组长的面，旁若无人地把我拖到他的家里。

炕桌上早摆好了酒菜，显然，是准备好的。老孙让他老婆老邢又炒了两个热菜，打开一瓶北大荒酒，和我对饮起来。酒酣耳热的时候，他对我说：我和好几个贫下中农都找了工作组，我对他们说了，肖复兴就是一个从北京来的小知青，如果谁敢把肖复兴揪出来批斗，我就立刻上台去陪斗！

谁肯艰难际，豁达露心肝？

算一算，快五十年过去了，许多事情，许多人，都已经忘却了，但铁匠老孙总让我无法忘怀。有他这样的一句话，会让我觉得北大荒所有的风雪所有的寒冷都变得温暖起来。对于我所做过的一切，不管是对是错，都不后悔。什么是青春？也许，这就叫作青春，青春就是傻小子睡凉炕，明知凉，也要躺下来是条汉子，站起来是棵树。

三

1982年，大学毕业那年的夏天，我回了北大荒一次。回到大兴岛上，第一个找到的就是老孙。那是我1974年离开北大荒和老孙分别八年后的第一次相见。当时，他已经从二队调到三队，正在洪炉上干活儿，系着帆布围裙，挥舞着铁锤，火星四溅在他身子的周围。一切是那样的熟悉，那一瞬间，像是回到了那年找他为我打镰刀时的情景。他一眼看到我，停下手里的活儿，我上前一把握着他的手，一句话也说不出，泪水模糊了我的眼睛。

他把活儿交给了徒弟，拉着我向他家走去，一路上，什么话也没有说，只是用他那只结满老茧的大手紧紧握住我的手。那手那样有力，那样温暖。刚进院门，就大喊一声：肖复兴来了！那声音响亮如洪钟，让我一下子就想起那年冬天在队上食堂门前风雪中那一声洪钟大嗓的大喝：肖复兴！到我家喝酒去！

进了屋，他的老婆老邢把早就用井水冲好的一罐子椴树蜜的甜水端到我面前。一切，真的像是镜头的回放一样，迅速地回溯到以前。自从那个风雪之夜老孙招呼我到他家喝第一顿酒之后，在北大荒的那些日子里，冬天，我没少到他家吃饭喝酒打牙祭。他家暖得烫屁股的炕头，我没少和他脸碰脸地坐在一起。春天，到他家吃第一茬春韭包的饺子，夏天，到他家喝在井里冰镇好的椴树蜜，是我最难忘的记忆了。

那春韭嫩绿嫩绿，从他家屋后园子里摘下来，常常还带着露珠儿，根根亭亭玉立，像从泥土里钻出来的小美人。只要听见老邢在柞木菜墩上剁韭菜馅，就能闻见清新的香味儿，那种带有春天湿润气息和一种淡淡草药的气味儿，特别地蹿，一下子就冲撞进我的鼻子里，然后像长上了翅膀一样，蹿得满屋子都是。老邢用她家鸡新下的蛋，和韭菜和在一起的饺子馅，真的特别地好吃。返城以后的日子里，尽管也吃过无数次韭菜馅的饺子，却怎么也比不过老孙家的香。

椴树蜜，是北大荒最好的蜜了，在我们大兴岛靠近七星河底窑的老林子里，有一片茂密的椴树，夏天开白色的小花，别看花不大，但开满树，雪一样皑皑一片，清香的味道，荡漾在整片林子里，会有成群的蜜蜂飞过来，也有养蜂人拿着蜂箱，搭起帐篷，到林子里养蜂采蜜。那时候，椴树开花前后，老孙爱到那片老林子里养几箱蜜蜂，专门整些椴树蜜。他家菜园子里，有他自己打的一口机井，他常常把椴树蜜装进一个罐头瓶子里，然后放进井下面，等收工回来的时候，把椴树蜜从井里吊上来喝，冰凉沁人，是那时候冰镇的最好法子，井就是他家的冰箱。

喝到这样清凉的椴树蜜，岁月一下子就倒流了回去，让你觉得一切都没有逝去，岁月里曾经经历过的一切，都可以复活，保鲜至今。

四

如今，又是那么多个年头过去了，我不知道老孙变成什么样子了。算一算，他有七十上下的年龄了。我真的分外想念他，感念他。

又到了三队，模样依旧，却又觉得面目全非，岁月仿佛无情地撕去了曾经拥有过的一切，只是顽固地定格在青春时节里罢了。在场院上看见了现在三队的队长，是当年我当小学老师时教过的学生，他带着我往西走，还是当年的那条土路，路两旁，不少房子还是当年我见到的老样子，只是更显得低矮破旧，大概前几天下过雨，地翻浆得厉害，拖拉机链轨碾过的沟壑很深，不平的地就更加地凹凸不平。由于是大中午，各家人都在屋子里吃饭休息，路上，没有见一个人，只有一条狗和几只鸡，在热辣辣的阳光下寂寞地吐着舌头或刨土啄食。记忆中，1982年来时，也是走的这条路，老孙拉着我的手就往他家走，一路上洪亮的笑声，一路上激动的心情，恍若昨天。

喝到这样清凉的椴树蜜，
岁月一下子就倒流了回去，
让你觉得一切都没有逝去，
岁月里曾经经历过的一切，
都可以复活，保鲜至今。

如果没有记错的话，前面应该就是老孙家。不过，在北大荒，各家的房子基本一样，又有那么多年没来了，我不大确定，问了一下年轻的队长，队长说就是。正说着，走到老孙家前十来步远的时候，老孙家院子的栅栏门推开了，从里面走出来一个女人，正是老孙的老伴儿老邢，她仿佛就像知道我要来似的，正在出门迎我。我赶紧走了几步，走到她的面前，她有些意外，愣愣地望着我。队长指着我问她：你还认识吗？看是谁？她只是愣了那么一瞬间，立刻认出了我来，一把抓住我的胳膊，眼泪唰地流了出来，我也忍不住哭了起来，我们俩什么话也没有说出来，只能够感到彼此的手都在颤抖。

走进老孙的家门，她才抽泣地对我说老孙不在了，我从她刚刚的眼泪里就已经意识到了。问起当时的情景。老孙一直有高血压和心脏病，一直不愿意看病，更舍不得吃药，好省下钱贴补给他的小孙子用。那时，小孙子要到场部上小学，每天来回走十六里，都是老孙接送上学。两年前的三月，夜里两点，老邢只听见老孙躺在炕上大叫了一声，人就不行了。小孙子整整哭了两天，舍不得爷爷走，谁劝都不行，就那么一直眼泪不断线地流着。

我想象着当时的情景，开春前后，正是心血管病的多发期，三月的北大荒，积雪没有化，天还很冷，就在这间弥散着泥土潮湿地气的小屋里，就在我坐的这铺烧得很热的火炕上，老孙离开了，离开了1959年他二十六岁从家乡山东日照支边来到这里就没有离开过的大兴岛。那一年，老孙才六十九岁，他完全可以活得再长一些时间。

望着老孙曾经生活过那么久的小屋。我的心里很不是滋味儿。那年，我来看老孙时，就是在这间小屋里。这么多年过去了，小屋没有什么变化，所有简单的家具，一个大衣柜、一张长桌子，还是老样子，也还是立在原来的老地方。一铺火炕也还是在那里，灶眼里堵满了秫秸秆烧成的灰。家里的一切似乎都还保留着老孙在时的老样子，只要一进门，仿佛老孙还在家里似的，那些简陋的东西，因有了感情的寄托，富有了生命，那些东西还立在那里，不像是物品，而像是有形的灵魂和思念。

一扇大镜框还是挂在桌子上面的墙上，只是镜框里面的照片发生了变化，多了孙子外孙的照片，没有老孙的照片。我仔细瞅了瞅，以前曾经看过的老孙穿着军装和大头鞋的照片，和一张老孙虚光的人头像，都没有了。那两张照片，都是老孙年轻时照的，那张虚光的照片是他外出唱戏时在富锦县城照相馆里照的。一定是他老伴儿老邢怕看见照片触景伤情，取下了吧？

我小心翼翼地问老邢：老孙的照片还在吗？

她说：还在。说着，从大衣柜里取出了一本相册，我看见里面夹着那两张照片。还有好几张老孙吃饭的照片，老邢告诉我：那是前几年给他过生日时照的。我看到了，炕桌上摆着一个大蛋糕，好几盘花花绿绿的菜，一大盘冒着热气的饺子，碗里倒满了啤酒。老孙是个左撇子，拿着筷子，很高兴的样子。

那些照片中，老孙显得老了许多，隐隐约约地，能够看出一点儿病态来，他拿着筷子的手显得有些不大灵便。

我从相册取出一张老孙拿着筷子夹着饺子正往嘴里塞的照片，对老邢说：这张我拿走了啊！

她抹抹眼泪说：你拿走吧。

我把照片放进包里，望望后墙，还是那一扇明亮的窗户，透过窗户，能看见他家的菜园，菜园里有老孙自己打的一眼机井，我那次来喝的就是那眼机井里打上来的水冲的椴树蜜。似乎，老孙就在那菜园里忙活着，一会儿就会走进屋里来，拉着我的手，笑眯眯地打量着我，如果高兴，他兴许还能够唱两句京戏。他的唱功不错，队里联欢会上，我听他唱过。

那一瞬间，我有些恍惚，在走神。人生沧桑中，世态炎凉里，让你难以忘怀的，往往是一些很小很小的小事，是一些看似和你不过萍水相逢的人物，是一些甚至只是一句却足以打动你一生的话语。于是，你记住了他，他也记住了你，人生也才有了意义，才有了可以回忆的落脚点和支撑点。我一直以为回忆的感动与丰富，才是人一辈子最大的财富。

当我回过神来，发现老邢不在屋了，我忙起身出去找，看见她在外面的灶台上为我们洗香瓜。清清的水中，浮动着满满一大盆香瓜，白白的，玉似的晶莹剔透。这是北大荒的香瓜，还没吃，就已经能够闻到香味儿了。

我拽着她说：先不忙着吃瓜，带我看看菜园吧。

菜园很大，足有半亩多，茄子、黄瓜、西红柿、豆荚……

苞米今年长得格外好

F. Xing
2004.8.

姹紫嫣红，一垄一垄的，拾掇得利利索索，整整齐齐。只是老孙去世之后，那眼机井突然抽不出水来了。这让老邢，也让所有人感到奇怪。有些物件，和人一样，也是有感情、有生命的。生死相依，一世相伴，有时候，并不只是局限于人。

空旷的菜园里，只有我们两个人，午后的风也凉爽了许多，整个三队安静得像是远遁尘世的隐士。前排房子的烟囱里有烟冒出来，几缕，淡淡的，活了似的，精灵一般，袅袅地游弋着。远处，是蓝天，是北大荒才有的那样湛蓝湛蓝的天，干净得像是用眼泪洗过一样，安静得连蜜蜂飞过的声音都听不见。

那一刻，我的心一阵阵发紧。我才真正地发现，我此次回大兴岛最想见的人，已经看不见了。搂着老邢的肩头，我很想安慰她几句，说几句心里的悄悄话，才发现我的嘴其实很笨拙，说不出什么来，眼泪忍不住又落了下来。

倒是老邢握住我的手，劝起我来：老孙在时，常常念叨你。可惜，他没能再见到你。他死了以后，我就劝自己，别去想他了。想又有什么用？别去想了，别去想了，啊！你知道，我比老孙小整整十岁，我就拼命地干活儿，上外面打柴火，回来收拾菜园子……

想一想，有时候，万言不值一杯水；有时候，一句话，能够让人记住一辈子。年轻的时候，我们并不怎么珍惜青春，年老了以后，我们再来谈青春，往往容易显得矫情和奢侈，但无论怎么说，一个人青春时节奠定的来自民间的情感和立场，却是能够影响一个人的一辈子的。如果说我们的青春真的是蹉跎在那场上山下乡运动中的话，那么，曾经有过这样的一个人，有过这样的一句话，那么，到什么时候，你也要相信，你的青春并不是一无所获。

那天下午，我从三队返回农场场部的时候，从车上搬下来一大塑料袋子香瓜。尽管队长说到场部也有好多香瓜，就不用带了，老邢还是坚持一定要把这些香瓜塞上车，让他们一定给我带回去。她说：你们的是你们的，那是我的。然后，她对我说：老孙要是在，还能给你带点儿椴树蜜的，老孙不在了，家里就再也不做椴树蜜了，就用这香瓜代替老孙的一点儿心意吧。一句话，说得我泪如雨下。我已经好久未曾落泪了，不知怎么搞的，那一天，我竟然无法抑制。

一连几天，满屋子都是香瓜的清香。

麦秸垛和豆秸垛

一

在北大荒，我只留意过豆秸垛，没有怎么留意麦秸垛。那时候，我们二队每家的房前屋后最起码都要堆上一个豆秸垛，很少见有麦秸垛的。我们知青的食堂前面，左右要对称地堆上两个豆秸垛，高高的，高过房顶，快赶上白杨树了。这些豆秸，要用整整一年，烧火做饭，烧炕取暖，都要靠它。

麦秸垛，一般都只是堆在马号牛号旁，喂牲畜用，不会用它烧火做饭，因为它没有豆秸经烧，往灶膛里塞满麦秸，一阵火苗过后，很快就烧干净了，只剩下一堆灰烬，徒有热情，没有耐力。

返城后很多年，看到了凡·高的速写和莫奈的油画，很多幅画的都是麦秸垛，一堆堆，圆乎乎，胖墩墩，蹲在收割后的麦田里，闪烁着金子般的光。这才发现麦秸垛挺漂亮的，只不过当初忽略了它的存在。只顾着实用主义的烧火做饭烧炕取暖，不懂得它还可以入画，成为审美的印象主义的作品。

后来看到文学作品，大概是铁凝的小说，她称麦秸垛是矗立在大地上的女人的乳房。这样的比喻，我从来没有想到过，尽管我在北大荒经历过好几年的麦收。但我不得不承认，这个比喻新鲜，充满乡土气息和人情味儿，让我忍不住想起当年在北大荒一望无际的麦田里，弯腰挥舞镰刀也抖动着大乳房的当地能干的妇女。

再后来，我看到聂绀弩的诗，他写的是北大荒的麦秸垛："麦垛千堆又万堆，长城迤俪复迂回。散兵线上黄金满，金字塔边赤日辉。"他写得要昂扬多了，长城、黄金和金字塔一连串的比喻，总觉得压在麦秸垛上，会让麦秸垛力不胜负。不过，自己也确实惭愧，当年在北大荒收麦子时缺乏这样的想象力。

但是，对于豆秸垛，我多少还是有些想象的，那时看它圆圆的顶，结实的底座，阳光照射下，一个胖胖的高个子女人似的，健壮挺拔，丰乳肥臀，那么给你提气。当然，比起麦秸垛的金碧辉煌，豆秸垛灰头灰脸的，像土拨鼠的皮毛。只有到了大雪覆盖的时候，我才会为它扬眉吐气，因为那时候，它就像我儿时堆起的雪人，一身洁白，站在各家的门前，像守护神。

用豆秸，是有讲究的，会用的，一般都是用三股叉从豆秸垛底下扒，扒下一层，上面的豆秸会自动地落下来，填补到下面，绝对不会自己从上面塌下来。在这一点上，麦秸垛是无法与之相比的。如果是麦秸垛，早就像一摊稀泥一样，坍塌得一

就是一冬一春快烧完了，

豆秸垛也还会保持着原来那圆圆的顶子，

就像冰雕融化时候那样，即使有些悲壮，也有些悲壮的样子，

一点儿点儿地融化，最后将自己的形象湿润而温暖地融化在空气中。

在我看来，会垛豆秸垛的，会使用它的，都是富有艺术感的人。

在质朴的艺术感方面，老农永远是我们的老师。

塌糊涂，因为麦秸太滑，又没有豆秸枝杈的相互勾连。所以，就是一冬一春快烧完了，豆秸垛也还会保持着原来那圆圆的顶子，就像冰雕融化时候那样，即使有些悲壮，也有些悲壮的样子，一点儿点儿地融化，最后将自己的形象湿润而温暖地融化在空气中。

因此，垛豆秸垛和垛麦秸垛，完全是两回事。垛豆秸垛，在北大荒是一门本事，不亚于砌房子，一层一层的砖往上垒的劲头儿和意思，与一层一层把豆秸往上垛，是一个样的，得要手艺。大豆收割完了之后，一般我们知青能够跟着车去地里把豆秸拉回来，但垛豆秸垛这活儿，都得等老农来干。在我看来，会垛它的，会使用它的，都是富有艺术感的人。在质朴的艺术感方面，老农永远是我们的老师。

二

不能怪我偏心眼儿，对豆秸垛充满感情。这样的感情，不仅来自艺术感方面，也来自情感方面。

我从北京来到北大荒第二年刚刚入秋的时候，厄运就降临在我的头顶。就因为为队上三位被打成现行反革命的当地老农鸣冤叫屈，队上头头联手工作组组长，在全队大会上说我是过年的猪，早杀晚不杀。一时，黑云笼罩，我成了不可救药的坏蛋，二队几乎所有的人都不敢再理我，唯恐避之不及。

那一年的秋收，便成为我一个人的秋收。每天天不亮，就

那一年的秋收，
便成为我一个人的秋收。

要顶着星星，出工割豆子，每人一条垄。一条垄，八里长，割完一条垄，快手能赶在日头落前，慢手得要到月亮出来了。

我属于慢手，常常是全队的人都割完，收工回家吃晚饭了，我还撅着屁股，挥着镰刀，在地里忙活着。直直腰身，望望还是一眼望不到头的豆地，黑乎乎的笼罩在迷蒙的月光中，心里涌出一种绝望的感觉。偌大的豆子地里，只剩下我孤零零的一个人，秋风掠过豆秸梢，干透的豆子在豆荚里哗啦啦直响，想到去年秋收第一次割豆子时自己曾经写过的“大豆摇铃”之类的诗句，不禁哑然失笑。

这倒不是工作组或队上的头头对我有意的惩罚，每个人都是割一条垄，只能怪我手太笨，干农活儿实在不行。但是，没有一个人肯伸把手帮我一下，即使连平常和我关系还不错的人，都不见了踪影，只是将他们怜惜的心情在暗中传递，不敢明里伸出援手。这让我感到有些悲哀，有一种天远地远孤零零被抛弃的感觉。

有一天晚上，由于头天刚下过一场雨，地里有些泥泞，割豆子便更显得艰难。人们都已经收工了，我还在豆地里盘桓。上弦月早就升起来了，由于有雾，光线不亮，朦朦胧胧地洒在已经结霜的豆秸上，斑驳之中，银光闪闪的，像眼泪晶莹在闪烁。已经是阴历的九月了，北大荒的天气很冷了，晚风吹过，更多了些凉意和凄清的感觉。豆秸上有刺，上霜后变得坚硬扎人，我没有戴手套，手心手背扎得火燎一样地疼。

咬咬牙，还得继续往前割，一定要割到头，否则更会遭人嘲笑。现在想想，那一晚的情景，多少有些悲凉，一片割不完的豆地，一弯凄清的月牙，一个孤独的人影，真的，还不如把我关在草棚里写检查更好受些。

就在这时候，我听见前面不远的地方传来了唰唰的声音。起初，我以为是风渐大了，吹过豆秸的声响，但仔细听，不像，因为那唰唰的声音很有节奏。我站在豆地里，很有些奇怪，想再好好听听，怕是钻出来一条獾或狐狸，这在北大荒的秋夜里，是常有的事。很快，一个人头在豆秸上浮动，是一头长长的秀发，暗淡的月光下勾勒出朦胧的轮廓。是个女人。很快的速度，她前面的豆子纷纷倒地。她扬起脸来，站在我的面前，笑了，露出两颗小虎牙，秀气的脸上淌着汗珠，月光下，晶莹透亮。娇小玲珑的身材，和四周阔大无边的豆地和幽幽的黑夜，对衬得那么不成比例，那么醒目。

我认出她来，她是刚从北京到我们队上的69届小知青。那一届的北京学生，连锅端，都去各地插队，她班上大多同学来到我们二队。她刚到我们队也就两个多月，我没有和她说过一句话，甚至叫不出她的名字。很久很久以后，她对我说，她刚来到我们队上，第一次见到我，是我独自一人坐在树下笨手笨脚地缝衣服，我们队上的农业技术员老韩远远地指着我对她说：他是北京二十六中的高中生，很有才，工作组正整他！就是这简单的"很有才"三个字，害了她，让她竟然割完了自己的那一垄豆子之后，又跑过来帮助我割。

我在北大荒整整六年，割过无数次豆子或麦子，这是第一次也是唯一一次有人帮助我割，是这样一个娇小的小姑娘，刚来我们队两个多月的小姑娘，和我从来没有说过话的小姑娘。

割完了一垄豆子，要往回走八里地，才能回到队上吃晚饭。我和她一起往回走的时候，她把她手上戴着的一副手套递给我，说豆子扎手，戴上手套好些。我看看手套，是一副白线手套，但每个手指上都粘有一小块黑色的胶皮。刚要对她说：给了我，你戴什么？她就说话了：我还有。就这样，我们一起走了八里地的夜路，上弦月在我们的头顶，无边的荒原，在我们的脚下。我们再没有说一句话，就这样默默地走着。

那时候，我不知道，她更不知道，为此她要付出代价。

事后，我才知道，因为她和我的接触，引起了队上头头和工作组的注意。他们的联想和想象力，远比我更为丰富。一对年轻男女在旷野豆地又是在幽暗的黑夜里的相遇，八里地的长途漫步，以后又频繁往来，接下来发生的事情，不是顺理成章，还要费口舌再去说吗？男女关系，在那个时代里，是一件最见不得人的事情，也是最容易致人于死地的杀手锏。

于是，工作组找她谈话，为了增加震慑力，也为了确保一战功成，工作组特意请来了农场保卫处处长坐镇。如果这个男女关系的问题坐实，我就真的成了一头过年的猪，只能老老实实引颈等候处理的那最后一刀了。

那一晚，是数九寒冬北大荒最冰冷的时候，纷纷扬扬的大烟泡儿，没有阻挡保卫处处长从十六里外的农场场部赶到我们队上。在和知青宿舍一道之隔的队部里，一盏昏黄的马灯前，保卫处处长，工作组组长，我们二队的队长，几个大老爷们儿，对付一个娇小的小姑娘。尤其让我无法想到的是，保卫处处长居然掏出他的手枪，一把拍在桌子上，叫喊着，非要让她交代出和我有男女关系的事情。她只是哭，再逼问她，她说了句：根本没有的事，我交代什么？任凭他们怎么轮番上阵逼迫她，她只是哭，再不说一句话。

在政治化的年代里，即使再偏远的地方，人心也容易被扭曲，在政治化的压力面前，有人选择顺从，有人选择屈服，有人选择背叛，有人选择躲避，有人选择坚持。并非清者自清，浑浊泛滥之下，清水也能被搅浑，脏水也可以浇在自己的头顶。那一年，我二十二岁，她还不到十七岁。很多时候，我会想，如果那个风雪呼啸的夜晚，那盏昏黄的马灯下，那把拍在桌子上的手枪前，换成是我，我会怎么样？我能和她一样吗？

在以后的日子里，包括我在二队的时候，也包括1982年和2004年我两次重返北大荒回到我们二队，路过队部的时候，我都没有再进去过。我对它充满厌恶，在我的眼里，它是那个时代黑暗与罪恶的象征。难道不是吗？可以在毫无根据凭空想象中就随便质问一个人男女关系的事情吗？而且，可以拍出手枪吓唬一个还不到十七岁的小姑娘？

由于她在黑暗和罪恶面前坚强的坚持，我幸免于难，虽然工作组还是批判我，孤立我，毕竟我没有和那三位被屈打成招的老农一样，打成现行反革命。

第二年，刚刚开春的一个黄昏，我独自一人拿着饭盒，依然如丧家犬一样，垂着头往队上的知青食堂走时，忽然觉得四周有许多眼睛聚光灯似的落在我的身上。那种感觉很奇怪，其实我并没有抬头看什么，但那种感觉像是毛毛虫似的，一下子爬满我的全身。抬头一看，在我前面不远的食堂豆秸垛旁，站着一个姑娘，手里拿着一个铝制的饭盒。我不敢确定，她是不是在那里等着我。

是她，她可真会找地方，她身后的豆秸垛，是那样地醒目，让我想起秋收她帮我割豆子接垄时相遇的那个结霜的夜晚。似乎那是一场戏的开头，这时候收割完的豆秸垛起来的豆秸垛，成了她特意选择的一个明亮的收尾。

那一刻，那个褐色的有些像是经冬后发旧狍子皮的豆秸垛，被晚霞照得格外灿烂，映照得像着了火一样地红。

食堂前是两大排知青宿舍，那一刻，宿舍所有的窗户都打开了，从里面探出了一个个脑袋，露出了一双双惊愕的眼睛，望着我们，仿佛这里要上演什么精彩的大戏。我的心里都有些发毛，觉得芒刺在身，站在那里一动不动。她就那样向我走了过来，在众目睽睽之下，一直走到我的面前。我的脑子里一片空白，只是在想她的胆子也太大了，这种时候还和我这么亲热地讲话，就不怕沾包儿吗？

那时候，她才刚满十七岁啊。

什么叫作旁若无人？那一刻，我记住了这句成语，也记住了她和那个北大荒落日的黄昏，并且记住了那个在晚霞映照下像是着了火一样的豆秸垛。

三

在豆秸垛和麦秸垛之间，真的不能怪我偏心眼儿。

对于麦秸垛，我的心里有一道迈不过去的坎儿。尽管看过了凡·高和莫奈的画，看过了铁凝的小说和聂绀弩的诗，对于麦秸垛，还是提不起足够的精神，用他们那种独有的审美眼光，重新审视麦秸垛，然后从容地迈过这个坎儿。

我怎么也忘不了，四十七年前，1970年的夏天，在北大荒的麦收已经接近尾声的时候，打夜班收麦子，一个北京女知青，因为一连几夜没睡觉，太困了，倒在麦地的一个麦秸垛里睡着了。那时候，联合收割机在麦地里收好麦子顺便就会脱好谷，剩下的麦秸，就地垒成小小的麦秸垛，等天亮时马车来拉走，拉到马号牛号去，或者是麦收后一把火把它烧净。大概怕着凉，这个女知青顺手在自己的身上盖了一层麦秸。一片金灿灿的麦秸在月光下闪光，收割机开了过来准备拐弯去收割下一片麦田的时候，以为真的是一个小小的麦秸垛，便开了过去，从她的腰间无情地压了过去。

那时候，我被调到宣传队写节目，为了写节目，我去过她所在的生产队。在众多的女知青中，我一眼便看见了她，她长得实在太出众，高高的身条儿，秀气的面庞，站在金麦田中，很有些鹤立鸡群的样子。或许，她知道自己长得漂亮，这样落在身上的目光，早已经习以为常，见多不怪，似乎连眼皮夹都没有夹我一下。但是，她挥舞镰刀，高挑的身子在金色麦海里一起一伏的影子，很长时间总在我的眼前晃动。

那一年麦收刚刚开始，北大荒就普遍被暴雨所裹挟。一连几天几夜的暴雨，无情地将刚刚成熟的麦子淹在雨水之中。北大荒的天气很怪，几乎每年夏天一到麦子熟的时候，就会下大雨。记得我从北京刚到北大荒的当月，赶上麦收，又赶上下雨，踩在泥水里割麦子，泥水能淹过小腿肚子。没有办法，我赶紧写信请留在北京的同学帮我买双高靿雨靴寄我救急。同学跑到天桥的旧货市场，很便宜就买了双旧雨靴寄来，那雨靴上，用胶皮粘着大小好几块补丁，像打着绷带的伤兵，和我一起上阵割麦子。但即使那年的雨大，也没有大过这一年，而且，那年的雨是下下停停，不像这一年的雨一连几天几夜不带喘气地下，浇得麦地里的水饱和，根本渗不下去，收割机只要一下去，就会陷进去。那时候，她所在生产队的知青带头叫嚷着和天斗其乐无穷和地斗其乐无穷，每人一把小镰刀，不管雨下得多大，也要下地割麦子，不能让麦子烂在地里。他们喊了一个响亮的口号：小镰刀要战胜收割机！

我就是冲着这个口号，奉命来到她所在的生产队，为了能写出节目，赶上总局的文艺会演。那时候，暴雨已经过去了，但麦田里的雨水还没有完全渗进土里。她所在的生产队紧靠着七星河，当初只是一片沼泽地，是前几年新开垦出来的地号，建立起的新的生产队。那里地势低，雨水积压得更多，几乎所有的人都是穿着高靿雨靴下田割麦子的，有少数男知青索性光着脚丫子，啪啪踩着泥水去逞能。不过，倒也更能再现当初暴雨来时他们叫喊着“小镰刀要战胜收割机”的情景。

那一天，我穿着我的那双补着补丁的雨靴，跟着大家割了一天的麦子。收工之后，顾不上梳洗，先开饭。大家也都饿得前心贴后背了。吃晚饭的时候，我请队里找几个有代表性的知青，边吃边开个座谈会，谈谈当时的情景。没有想到，来的几个知青中，有我一眼看见就忘不了的那个女知青，她穿着一双和我一样打着好多补丁的高靿雨靴。她也看见了我脚上的雨靴，禁不住和我相视一笑。我指着她的雨靴问她：也是从天桥旧货市场买的吧？她点点头。除了点头，这个座谈会，她一言没发。

一言没发，她也留给了我很深的印象。记得在他们的队上，我就把节目写好了，是一个女声表演唱，名字就叫《小镰刀战胜了收割机》。宣传队的队长老刘是从部队文工团复员转业下来的，很有经验。他希望节目就由他们队上选出几个女知青，他帮助排练，然后拿到总局参加会演，来自第一线的真人真事，又是来自第一线的演出，更有意义。和生产队的头头一说，他很支持，说这是给他们队露脸的好事呀！抽调人的时候，我提议选她，人长得出众，身条又好，做领唱最合适。老刘也同意。队长把她叫了来，她连连摆手，说从来没演过节目！我和老刘都劝她，说不会可以教她，不难的。她说死说活不干，说以前在学校的时候，只参加过田径队练过跳高，让她跑跳打球都行，就是没有这个艺术细胞！说完扭头跑掉了。

我和老刘帮助她们排练了几天这个节目。因为要参加总局文艺会演前的审查，农场派来一辆敞篷的解放牌大卡车，把我们一起连夜拉到佳木斯的总局。排练，审查，修改，再排练和审查，在总局折腾了好多天。因为总局的文艺干事老崔提出，只唱小镰刀战胜收割机，是就事论事，还要唱出这片麦田是荒原开垦出来的，从一片茫茫的亘古荒原，变成了今天麦浪翻滚的麦田，怎么能容得一场暴雨的摧毁打击？这样，战天斗地的意义会更强烈，开垦荒原的意义也才更强烈。我于是连夜修改。当时，沈阳军区派来现役军人，农场改为兵团，我们六师是兵团新建的师，为的是开垦三江平原上的荒原。我们的师长王少白提出了“向荒原进军”的口号。王师长还非常有气魄地将当时师部所在地七星改为建三江，就是要把三江平原的荒原建设成北大荒新的粮仓。

就是在这时候，我听到了她的腰被收割机碾过的消息。消息先是传到了她的这些小姐妹的耳朵里，再传到我和老刘这里。当时，我惊住了。我在想，如果不是这一场一连几天几夜的暴雨，就不会有什么小镰刀战胜收割机的奇迹发生，也就不会有他们被重视和表扬以至我们演节目等一系列事情的发生，他们的麦收也就不会层层加码赋予了战天斗地和向荒原进军要粮食的意义，他们也就不会连轴转，不会这么地累，她也就不会倒在麦秸垛里睡着……一切的一切，也就不会发生。

当时，我甚至想，如果当初她能够同意参加这个女声表演唱，或者，我再坚持一下，非要她参加这个表演唱，她也就离开了队上，和我们一起来到佳木斯，也就不会有这样的事情发生。

佳木斯总局大楼前不远的松花江边，一连好几个夜晚，我和老刘，和她队上的那几个女知青漫步在那里，说不出心里是一种什么滋味儿，大家都默默的，一言不发，只有夏日里江水拍打江岸，卷起浪花如雪在呜咽的声音。

如今，佳木斯江岸建立起了一座知青广场。有好多知青的雕塑在那里矗立。没有一座是雕刻她的。

我常想起紧靠七星河的那个生产队，那个躺在麦秸垛里被收割机压伤腰的女知青。如今，只要一想起麦秸垛，一说起麦秸垛，我的眼前就忍不住浮现出她青春时如花似玉亭亭玉立的样子。

我大学毕业那一年，1982年的夏天，第一次重返北大荒。从建三江过七星河，看到她所在的生产队还在。正是麦收时节，一片金色的麦海里，红色的、绿色的联合收割机，正在收割麦子。从远处看，它们似乎在缓缓地移动，像是在麦海中悠闲地散步。那一刻，我想起了她。如果她赶上的是这样的时候，起码可以坐在联合收割机上，而不再是穿着带补丁的雨靴去挥舞小镰刀。

2004年的夏天，我再一次回到北大荒，过七星河时，她当年所在的生产队已经没有了。农场要恢复七星河两岸的湿地，说那是三江平原的肾。而这些被重新恢复的湿地，其中不少就是当年被我们亲手开垦的荒原，变成了一片金灿灿的麦田。不是我们的出尔反尔，也不是大自然的云雨反复，而是曲折历史所付出的代价。那一刻，我想起了她。在那个高唱着向荒原进军的时代里，她和我们一样付出整个青春的代价之外，比我们还多付出的是她自己年轻的纤纤细腰。

回北京这么多年，我见过她一次。我以为萍水相逢后的阔别之中，我不会再见到她了，尽管我时常会想到她。但是，命运还是让我见到了她一次。只是这一次。

那是个夏天的黄昏，在北京的一条胡同里，她一个人扶着墙艰难地向胡同口的公共厕所走去。她那瘦长纤细的身影，贴在掉了墙皮的灰墙上，如皮影戏里一个单薄的皮影，不像是在往前走动，倒像是机械的扭动。如果不知道她的腰曾经那样悲伤地伤过，会很难理解她为什么以这样的动作行走。她以这样艰难机械的动作，行走在今天阳光灿烂的日子里，却让我想起往昔抹不去的沉重影子。这个影子，不仅是那个夏夜里收割机碾过的腰身，还有她的美丽青春，叠印在那面灰墙上。

我很难忘记那个夕阳中拖长的蹒跚身影。我不敢招呼她，我怕引起她伤怀的往事。我的心真如万箭穿过，不知道她恨不恨那个麦秸垛，我反正是恨透了麦秸垛。

我知道，这是我的偏颇，麦秸垛是无辜的，只不过有我的感情在里面而伤感。即使我无法如凡·高、莫奈、铁凝和聂绀弩一样，赋予麦秸垛那样多的诗情画意，但坦率地讲，北大荒的麦秸垛和豆秸垛，都让我无法忘怀，是它们让我看到了生活中的美好与艰辛，看到了青春如风，流年似水，成为北大荒抹不去的回忆背景。

北大荒的麦秸垛和豆秸垛，都让我无法忘怀，是它们让我看到了生活中的美好与艰辛，看到了青春如风，流年似水，成为北大荒抹不去的回忆背景。

十七岁的荒火和流沙

一

如今，我们大兴岛二队和三队都已经没有了，曾经简陋却整齐的泥草房，一间也找不到了。土豆花和扁豆花盛开的菜地，高高粮囤矗立的场院，我曾经喂过那群猪八戒的猪号等等一切，哪怕是再丑陋破败的建筑，都没有了，都变成了一片一眼望不到边的稻田。

但是，三队前面的丁字路口还在，那是通往七星河进出大兴岛的必经之路。在三队前面的丁字路口三个方向的道路两旁，种着厚厚好几排的白杨树，屏障似的把路夹在中间，分割开路和田野，像是分割开一对三角关系的情人，让它们相互张望，回忆着各自不堪回首的往事。

五十年前，我在这里的时候，路的两旁没有这些白杨树，那时的田野显得更空旷一些，白杨树给田野扎上了绿腰带，好像是为了给肥沃的田野紧紧腰身。现在的人们，谁能够知道这个丁字路口，曾经是我们知青在收工后的晚上谈情说爱的地方呢？想想那时候，我们真的够可笑的了，没有青春的线条，一律绿军装或黄军装或蓝制服，一律武装带或稻草绳，束缚并缠裹着我们的“三围”，像包起一层层粽叶的五角粽。但是，这一切并没有妨碍我们青春的约会。最有意思的是，常常是我们在这里走着，走着，会迎面遇见好几对情侣，都是三队的知青，面面相觑中，略有一些尴尬，也有一丝甜蜜，秘密常常在那擦肩而过的瞬间，暴露给了对方，也袒露给了无遮无拦、一望无边的荒原。

在这个丁字路口，我从来没有遇见过刘佩玲。

不知为什么，我常常会想起这个哈尔滨的知青。当时，她就在三队，是三队的团支部书记。有一年多的时间，我也住在三队写节目，和她打过照面，只是从来没有说过一句话。她人长得很漂亮，能唱会跳，很活泼的一个小姑娘。我绝对没有想到，我和她第一次说话，竟然是在我们大兴农场的医院里，她浑身烧伤缠裹着白色的绷带，躺在病床上。

就是在三队前面这片荒原上，冲天而起的荒火熄灭后，刘佩玲气息奄奄地躺在枯黄的荒草里。当年这块地种的是麦子，往北一直连着底窑的那片林子。开春时节，地上的麦茬，干枯枯一片，加上长出的荒草，沾火就着，只要有一点儿风吹，就会迅速蔓延开，一般是很难扑灭的。

这就是北大荒有名的“跑荒”。

1970年的开春，荒火就是从这里烧起来的，烈焰舔着火舌，火龙打着滚儿，比洪水还要猛烈，很快就向着底窑的那片林子席卷而去。那片林子，是一片原始次森林，如果大火吞噬了那片林子，大兴岛唯一的屏障就没有了。火焰就是命令，三队几乎所有知青都投入到扑灭荒火的战斗中。就在这次扑灭荒火的战斗中，三队的刘佩玲被烧成重伤，全身一半以上的皮肤被烧毁。当荒火基本被扑灭，人们找到她的时候，她已经被烧伤，晕倒在地上，由于她穿着一身黄色的棉军装，和荒草的颜色一样，衣服上还在冒着烟和火苗，人们以为是残存的荒火，要上前扑灭的时候，才发现是她。如果她穿的不是棉军装和大头鞋，会烧伤得更加严重。

以后，我不知多少次走过三队这个丁字路口，常常会想起刘佩玲。如果，她当时没有被烧成重伤，可能还和我们一样，也走在这个路口，和我们当中的任何一个北京或哈尔滨的男知青恋爱、约会并漫步在这条沙石路上，在夜晚没有月亮的时候，偷偷地亲吻拥抱，在有月亮的时候，望一望灿烂的星空，舒一口长气，做一点儿那时候哪怕是最傻气的幻想。这是一定的，她长得那样地漂亮，又那样地活泼可爱，如果能够活到今天，她应该六十五岁，并不老，即使曾经有过磨难，哪怕身上存留着大火烧伤后抹不去的痕迹，起码她会有一个家，即使没有自己的家，也不至于让爸爸妈妈遭受晚年丧女那样沉重的打击。

可是，她不在了。

每当我想起她的时候，心里都忍不住涌出难以言说的悲伤，还有一丝丝悲凉。

她曾经是我们大兴岛的英雄，她的名字上过当时的报纸、电台，还有专门为她编写的节目，演她、唱她、歌颂她。领导和红头文件号召大兴岛所有的人向她学习。四十八年前的夏天，我在大兴医院见她的时候，就是为她写节目，歌颂她的英雄事迹的。

她确实是那个时代的英雄，她表现出来的坚强，并不因为染上那个特定时代的色彩，就可以被我们亵渎，因为面对烧伤痛苦的折磨和命运残酷的打击，并不是所有的人都能够像她一样地坚强。她是烧伤后住院期间被批准入党的，入党仪式，也是在医院里临时举行的。那时，她浑身的伤还没有完全治愈，整个头部被绷带缠裹得严严的，眼睛也无法睁开。她是真正的火线入党，她为自己的这份荣誉而激动，在向党旗宣誓的时候，她要求能够把眼睛睁开，为的是看一眼毛主席像。医生没有办法，她坚持着。医生说只能够在她的眼皮上用手术刀割开一条缝，但是，这样割开，眼睛就再也无法合上了。她依然坚持。从此，她的眼睛再也无法合上，即使睡觉，即使死去，眼睛也永远地睁开着。可以说，她是死不瞑目。

事过境迁之后，我们可以说她幼稚，但我们不能说她可笑。在那个年代里，我们谁不幼稚呢？我们都曾经有过可笑的时刻，但我们都不曾有过像她十七岁少女那样的真诚和勇敢。没有这样的真诚和勇敢，一个弱小的小姑娘，是不敢义无反顾地冲进大火之中的。

如果刘佩玲一直生活在大兴岛，如果我们这些知青都还没有离开北大荒，也许，刘佩玲不会轻易地选择死。一个人选择死，并不是一件容易的事情。特别是一个曾经的英雄，众目睽睽之下压在她身上的荣誉和舆论，无法如盐一样在水中迅速溶化殆尽，即便能够溶化，辛酸苦涩的盐水，也会渗进她的旧伤口，其中的痛楚是他人无法想象的。在选择死之前，她肯定经历了更多非常人可以忍受的痛苦折磨。

我一直都在做这样的猜想，一定是知青大返城，给刘佩玲雪上加霜，让她已经脆弱的心再也无法承受。她是和知青大返城先后脚回到哈尔滨的，就像当初奔赴北大荒，返城一样都是一种时代的潮流，一种不可抗拒的命运。她那时候绝对没有想到，命运对她已经开始了质的变化，一个时代已经无情地结束，而一个新的时代正匆忙地开始，暂时还来不及顾上她，安置好一个为扑救荒火而受伤的女知青。她只是一个残疾的女知青，她不再是一个英雄。她被迅速而无情地淹没在哈尔滨的茫茫人海里，找不到工作，因为那么多身体健全的知青还待业在家。她的那一身被荒火烧成的伤疤，并没有成为历史的奖章，过去曾经辉煌的一切，已经逝去了，曾经歌颂过她的歌，也已经被新的流行歌曲所代替。一切逝去得那样地快，那样地遥远，让她的心有些猝不及防。

真的，就像当时崔健的那首歌唱的那样，她是真正的“一无所有”。

开始的那一段时间，大兴岛还按月给她寄工资和全国粮票，她还能够勉强维持日常的生活。后来，农场换了好几茬儿领导和具体管事的人，新的生活像是奔涌而来的潮水，将过去岁月里的事情冲得越来越远，远得像是春天融化的积雪，最后没有了一点儿曾经晶莹洁白的影子。水过地皮湿，似乎什么都没有发生过似的，被遗忘得那样干净利落。

刘佩玲的名字，在大兴岛上知道的人越来越少，她的工资和全国粮票也越来越被忘记寄到。为此，她还专门让妈妈陪自己回了一趟大兴岛，要求领导能够继续发放她的工资和全国粮票，这样的要求是多么地平常和正常，又是多么地微不足道。人们望着她，同情她，但毕竟已经显得陌生了。谁能够知道就是这个姑娘，为了扑救那场荒火，为了保护底窑的那片林子，献出了她宝贵的青春，献出了她漂亮的容颜，献出了她渴望中的爱情呢？她的双手已经被烧毁，她只能够靠脚来吃饭、翻书、打开收音机和电视机。她流着眼泪对大家说：没有人管我，没有人管我，我现在连最起码的生活都难过下去呀……

每一次听到人们这样向我诉说刘佩玲的这些往事的时候，我的心就会一阵紧缩，有一种揪心的痛。因为我采访过她，和她有过交谈，我知道，即使在大火烧毁她全身一半以上皮肤、住院动手术那最痛苦的日子里，她都没有哭过呀。她就是这样地被人们遗忘，被大兴岛遗忘，被三队遗忘，被我们遗忘。惨淡而遥远的伤口，就这样被岁月遮掩，结成一块被人忽略不计的疤痕。

1998年，刘佩玲死去了。死得很凄凉，没有多少人知道。我知道这个消息，是在那一年一次知青的聚会上。或许，我和刘佩玲真的有些什么心灵感应，那天一清早起床，我忽然想起了她，心里叹了一口气，一个多么漂亮的小姑娘。这个想法有些没来由，只是一种不期而遇，马上就来无影，去无踪。晚上的聚会，我并没有提起她，一个朋友走过来，忽然告诉我：你知道吗？刘佩玲自杀了。我当时像是被雷击一样，完全愣在那里，什么话也说不出来。一个生命并非由于衰老或疾病而死亡，尤其是以自我的方式选择提前结束生命，对于亡者是最为悲伤的，对于生者是最令人深思的。我真的有些害怕，冥冥中一定有什么东西，在注视着我们，你曾经做过的一切，在这个世界上一定会留下痕迹，你什么也躲不过。我想起了刘佩玲那双永远不会闭合上的眼睛，那是真正的死不瞑目呀，如今，我们敢面对她的那双眼睛吗？

四十七年前的那场荒火都没有能够把她的生命夺走，在残酷的历史之中，她都咬牙活了下来，她靠的是什么？仅仅是那一份褪色的荣誉和虚荣吗？今天，她却活不下去了，她又为的是什么？是什么使她失去了活下去的勇气和力量？是什么一下子将她心中赖以存活的精神和信心掏空斩尽？让她曾经在眼前燃亮得如荒火一样炽烈的光芒，一点儿点儿地变得暗淡，直至最后完全的熄灭，连灰烬都被吹散在遗忘的风中。

一个人是多么地渺小，哪怕她曾经是一个英雄。好几次站在刘佩玲曾经扑救过荒火的土地上，这种感觉总是袭上我的心头。大地还在，荒火还会再次烧起，而一个人却没有了。

一个人是多么地渺小，哪怕她曾经是一个英雄。

好几次站在刘佩玲曾经扑救过荒火的土地上，这种感觉总是袭上我的心头。

大地还在，荒火还会再次烧起，而一个人却没有了。

二

底窑是个有些诡异的地方，之所以有这样的名字，是因为它烧窑的历史悠久，以烧砖出名而成名。为什么大兴岛那么多的地方，别处烧砖都不如它出名呢？以我粗浅的考察，是它那里出沙子，成为烧砖的砖窑就近取材方便之地。

很长一段时间，我都有些诅咒底窑盛产的沙子。因为，只要想起底窑那些随处可挖的沙子，我就会想起我们二队的李玉琪。如果没有这些过于方便就可以挖到的沙子，李玉琪不会那么轻易地死去。

她是我们二队女工班的班长，带领一班人到底窑挖沙子的时候，沙层塌方，流沙袭来，人被埋在沙堆中，窒息身亡。

同刘佩玲遇险的时间一样，也是1970年，只不过比刘佩玲晚半年，9月9日夜晚，夜班，一辆小型车拉着她们到了底窑的沙坑前。

我一直都觉得诡异，因为那天晚上挖沙子的活儿，本来是派男工班的，却因为那天白天，男工班的几个知青偷吃了农场场部的西瓜和香瓜，正被逼迫写检查，便临时改派了女工班去。命运的乌云，就这样阴差阳错地笼罩在了李玉琪的头顶。

另一点让我觉得诡异的是，小型车把她们拉到沙坑前，便开走了，不知去做什么事情。想一想那时的情景，四周是一片漆黑，一片空旷，只有十几个弱不禁风的小姑娘。如果小型车没有开走，可以有车灯，即使灯光不是救命之神，起码能为她们照亮沙坑工作的地方，甚至可以避免灾祸的发生。

在北大荒，九月的夜晚已经很凉，秋风萧瑟里，十几个小姑娘和偌大的荒原对峙，和一个张开着血盆大口一样的沙坑对峙，谁的心里都会有些紧张。李玉琪带头跳进沙坑，因为她是班长，她必须带这个头。那一刻，有她作为班长的荣耀和自尊，也有她一个十七岁姑娘少不更事的盲目的勇敢。

等她独自钻进沙坑里面的时候，突然，“咚”的一声巨响，沙坑整个平躺着拍了下来，沙子不是石头，流沙袭来的时候，更是铺天盖地，如同洪流。她来不及挣扎一下，连喊一声的机会都没有，人影立刻被如瀑布倾斜的流沙淹没，她是多么地无助，多么地可怜，多么地渺小。

十几个小姑娘都吓傻了，一同哭喊，当她们意识到在这寂寥的夜晚，在这荒凉的林子外面，不可能有人来救她们之后，马上蹲下来，齐唰唰用双手拼命地挖沙子，想把埋在里面的李玉琪挖出来，挖得她们的手指都出了血，有的手指甲盖都挖掉了下来。但是，她们无法救出李玉琪。北大荒九月的那个无星无月的黑夜，就这样轻而易举地吞噬掉了一个年轻姑娘的生命。沙子，平常那样细小的流沙，竟然在顷刻之间如同焦渴而情欲乖张的猛兽，向一个小姑娘扑压过去，毫无表情也毫不留情地吞噬掉了她。生命在沙子面前如一粒沙子一样，弱小而毫无还手之力。

那一年，李玉琪和刘佩玲一样大，也都仅仅十七岁。

事后听女工班的人说，把李玉琪从沙坑里挖出来的时候，她的身体还是温热的，谁都不会相信她已经停止了呼吸。入葬前，脱下她的衣服，她的肌肤是那样的柔嫩白皙；为她梳头的时候，沙子如水一样从她长长的发辫间滚滚流落下来，声音簌簌直响。

因为她是我们二队的人，她的后事料理和下葬情况，我都比较清楚。她的父亲从北京赶来，补发了十个月的工资三百二十元，她的姐姐（当时也在我们二队，姐妹俩是一起来到北大荒的）也被照顾允许回京落户。

她的葬礼，我参加了。她被下葬在大兴岛场部兽医站的后面，那是一片空地，有一片新栽不久的小树林环绕。因为她的埋葬，那里成了她的墓地，四周轩豁而安静。在下葬之前，我们为她树立了墓碑，还特意在她的墓前种了几株小白杨树。下葬的那天，六师师部特别来了一位副师长，宣读了悼词，并拿起铁锨为她的墓地培了培土。参加追悼会的人很多，将墓地围得密密实实，整个仪式还是很隆重的。我和二队许多知青都参加了这场追悼会，我们都为她洒下了感动的眼泪。

同一年，两位同为十七岁的年轻姑娘，一死一伤，震撼了我们大兴岛。只不过，两位姑娘有区别，同刘佩玲最大的区别是，李玉琪不仅成为了我们大兴岛的英雄，还多了一个刘佩玲没有的称号：烈士。

开荒时节　FuXinG 2017.12.

三

弹指一挥间，日子过去了四十七年。算一算，如果刘佩玲和李玉琪还活着，今年六十五岁。她们的青春却过早结束在十七岁的花季，她们连恋爱都还没有来得及谈，连一个青春的吻都还没有来得及呀。两朵花，曾经那样地娇艳，带有少女独有的灵气和芬芳，含苞待放，还没有完全盛开，就这样凄然凋零，香消玉殒。

我是幸存者。我们所有活着的知青都是幸存者。之所以这样说，是因为开春时节荒火常有发生，扑灭荒火是大家的日常功课；秋收过后活儿少的时候，挖沙烧砖，也常是我们要面临的工作。尽管会是意外，也是防不胜防，但我们内心里却鼓胀着澎湃的激情和无知的勇敢，吃凉不管酸，明知山有虎，偏向虎山行，以柔弱的青春抵抗着那残暴的荒火和瞬息万变的流沙。我们以为人定胜天，却都有可能死在那一场又一场的荒火中，死在那一次又一次的挖沙中。只不过，阴差阳错，这样残酷的命运，落在了她们两人的身上。可以说，她们不死，我们知青中会有别人去死，她们是替我们而死的。这就是那一场上山下乡运动中知青所付出的最残酷的代价。她们两人用柔弱的肩膀替我们承担了。因此，我一直觉得，事过那么多年，我们悲悼她们，其实就是在悲悼我们自己。

2004年的夏天，我重返大兴岛，路过场部的兽医站，再次想起了李玉琪。我问农场一位年轻的副场长：你知道原来在兽医站后面的林子前，曾经埋葬着一个叫李玉琪的北京女知青吗？

他说：我听说过，在农场的场史里，好像看到过她的材料。

我又问：她的墓地原来就在这里，你知道现在还在不在吗？

他的眼神躲闪着，有些抱歉地告诉我：现在，这片地已经改造成长毛兔的繁殖基地，听说她的墓就地深埋了。

我又问：那墓碑呢？

他摇摇头说：不清楚。

我清楚他所说的不清楚的意思就是没有了，便又问：为什么不把墓碑保留下来呢？

他没有再说话。

过了老大一会儿，他对我说：我是这两年从别的农场新调来的。他说完这句话时，脸上露出十分抱歉和羞愧的样子，好像这一切都是他造成的似的。

他那一瞬间羞愧的表情，让我感动，对他忽然生出好感，我有些后悔，刚才我显得有些质问他的意思，有些咄咄逼人了，其实是不应该的。许多事情，不能够怪他，他也确实是不大清楚。只有我们的当事者，稍微清楚一些。只有李玉琪和她的亲属，才会有切肤之痛。流年似水，往事如烟，不要说几十年时间过去了，哪怕只有几年的光景过去，谁又还会记住在大兴岛上曾经有过这样一个十七岁的漂亮姑娘，为了挖沙子，而献出了年轻的生命呢？

如今，长毛兔重要了。

从2004年开始，不仅我一个人，很多人，特别是我们二队的知青，都不断地向大兴岛提议，应该把李玉琪的碑重新树立起来，给李玉琪，给李玉琪的家人，给我们知青一点儿慰藉，一个可以凭吊和回忆的实际场所，让它能够连接起历史和现在。十三年过去了，2017年9月9日的清晨，大兴岛终于为李玉琪将墓碑重新树立了起来。墓地选择在三队和二队之间的地方，四周被稻田所簇拥，前方不远便是底窑和七星河，逝去的一切，包括年轻的生命和我们的记忆，在这里有了安放之地。

重建一块墓碑，用了十三年甚至更长的时间。一个十七岁生命的断送，却只是一瞬间的事情。一切都已经变得面目皆非，唯其不变的是大兴岛九月的秋风，依然瑟瑟地吹着，掠过墓地，掠过墓碑，掠过田野，渐渐地远去。四十七年前的9月9日的夜晚，和四十七年后的9月9日的清晨，衔接两者之间的，只有大兴岛的秋风，回环萦绕，吹拂不止。这瑟瑟秋风，简直就是时间老人。

四

四十七年过去了，想起了李玉琪，我不能不想起刘佩玲。有李玉琪的对比，刘佩玲实在是够倒霉的了。李玉琪的墓地和墓碑重新树立起来了，在我们大兴岛，刘佩玲却没有墓地和墓碑。李玉琪被命名为烈士，当年有十个月的工资可以补发，刘佩玲不仅没有享受得到，而且最后连工资都忘记寄给她了；同时，在李玉琪死后这些年来，她的母亲一直享有每月几十元或上百元的烈士抚恤金，刘佩玲的家人却无法享受到，而留给两位老人的是女儿自杀永远消失不去的阴影。

命运就是这样不公。当年，她们两个人可都是我们大兴岛的英雄呀！英雄和烈士，虽然都是荣誉，也都是称号，但是，烈士的一纸证书，如同历史的证言，白纸黑字大红的印章，从遥远的过去存活到今天，像多年埋在泥土中的种子依然可以发芽，远比一个尘埋网封的英雄称号多了一层可以实际操作的待遇；更何况一个自杀的英雄，自杀的阴影便将英雄的光芒无情地遮蔽甚至吞灭，便也没有了如今立起一块墓碑的可能。

我想到了这一点之后，特别为刘佩玲不平。我不知道刘佩玲活着的时候想没想到过这一点。如果她想到了，她后悔不后悔？自己当时还真不如和李玉琪一样牺牲了呢，起码她可以避免了烧伤之后植皮医疗中所要忍受的巨大折磨和煎熬，起码可以避免回到哈尔滨之后没有工资和全国粮票的辛酸和痛苦，起码可以给家人一点儿物质上的补偿和一丝精神上的安慰，给我们留下一个不是自杀的结局而是一个烈士的完美形象。最起码，她也可以如李玉琪一样，在大兴岛上有自己的一块墓地，有自己的一块墓碑，让家人让后人让大兴岛有个念想，让自己的魂灵有个寄托和归宿吧？或者，她根本后悔当初干吗非要那样勇敢地扑进那场荒火之中呢？她为什么不可以如我们一样，哪怕是平淡无奇、庸庸碌碌，乃至苟且地活下来呢？她起码能够活下来的呀。

当然，这只是我的想象而已，显得有些俗气，有些英雄气短。刘佩玲和李玉琪，两个同样十七岁的年轻姑娘，留给我的是同样美好的形象，对于我，她们都应该是英雄，也是烈士。只是对于刘佩玲，我更多了一番感喟。面对刘佩玲，我替大兴岛感到羞愧。

也应该为刘佩玲立一块墓碑。没有刘佩玲墓碑的大兴岛，历史是残缺的；没有刘佩玲墓碑的大兴岛，我们知青的记忆是残缺的。谁都会死去，一代知青也会陆续死去，当所有的老人都死去的时候，曾经发生过的令我们眼湿心跳的故事，曾经浸泡着血泪与生命的传奇，便都会渐渐地失传。我们的后代，便更会理所当然地忘却这两个姑娘，一个来自首都北京，一个来自冰城哈尔滨，她们曾经和你们一样年轻，甚至比你们还要漂亮。

应该为刘佩玲立一块墓碑。不必像李玉琪的墓碑上刻的一样，刻上什么烈士，烈士和英雄的称号都不重要，只要刻上关于她所有这真实的一切就可以了，让我们不要忘记曾经在大兴岛烈焰腾空的荒火和惨淡无情的流沙就可以了。

真的，那一块墓碑，是为刘佩玲而立，也是为我们而立。

北大荒断简

谁都会死去，一代知青也会陆续死去，

当所有的老人都死去的时候，曾经发生过的令我们眼湿心跳的故事，

曾经浸泡着血泪与生命的传奇，便都会渐渐地失传。

活跃在田间地头的毛泽东思想文艺宣传队
——郝青年文艺的启蒙
FUXING 2012.2.4.

一枚纪念章和两条小鲫鱼

一

人到晚年，常会回忆往事。回头看身后路上自己的脚印，歪歪扭扭。细想起来，在北大荒，我没有做过什么对不起别人的事情。但是，再好好想想，两位当地的老农，还是从我的内心深处浮出。其实，明明知道，最对不起的，是他们两人，就看你敢不敢面对。

五十年前，因为我为队上三个被错打成现行反革命的老农鸣冤叫屈，差一点儿没有被打成反革命，自己幸免于难，他们两人却倒了霉，成了工作组的刀下祭品。

似乎工作组不揪出几个反革命没有法子向上向下交代一样，他们在我的身上没有抓到预想的过硬材料，不得不放过了我一马，却不容分说地把他们两人给揪了出来。

一个叫作曹永本，一个叫作张玉钦。他们是1965年进入大兴岛第一批开荒的老北大荒人，组建我们二队的两位带头的老共产党员。突然之间，简直就像魔术里鸡变鸭一样，他们成为了革命的敌人。铁证如山，说他们两人是混进党内的假党员：曹永本的档案里没有党的组织关系，张玉钦的档案里也缺少入党的证明材料，派人出去外调，他们两人提供的入党介绍人，一个也找不着，假党员，更立刻板上钉钉，不容分辩。

那个年月里，档案神秘得很，更沉重得很，档案里哪怕一张小小的纸条，都能够要了人的性命。他们两人就这样被理所当然地揪了出来，一下子成了过街的老鼠。而那时候，我被当成了可以教育的对象，上面给了我一个立功赎罪的机会，让我为宣传队写节目，反映二队揪出他们是阶级斗争的胜利，墙倒众人推，更把许多莫须有的罪状都推到他们身上，其中一条是他们对知识青年的拉拢腐蚀。

我奉命写了一个小话剧《小张跑了》，主要说的是这事。不仅写，还上台演出过。现在想想，自己真的很可悲，刚刚死里逃生，就好了伤疤忘了疼，为了证明自己的革命，便把屎盆子往他们两人的身上扣，让工作组演出了一场借刀杀人的收官好戏，因为这之后，工作组就大功告成，拍拍屁股走人了。

当然，我可以这样为自己洗白，当时我们确实不了解情况，说他们档案里的问题，足以让我轻信，不清楚其实工作组既然可以陷害于你，也就可以栽赃于他们两人。但是，所有一切都不是让自己得到原谅的理由。为什么我们就那么轻而易举地接受了这个现实？

云层后面是有星星的，为什么我只看到了云层压迫过来的浓重逼人的阴影，而忽略、躲避，甚至不敢正视云层后面星星的亮光？

我所写的那个小话剧，深深地伤害了他们两人。虽然，几年之后，事过境迁，证明他们两人都没有问题，我们还是成为了好朋友，但是，我不应该因为他们对我的原谅而原谅自己。无论怎么样，天真和软弱，展开了双翼，让自己从当时的泥沼里飞起来了，却将沉重的阴影压向了他们两人。那个小话剧，像箭一样盲目而准确地射去。五十年过去了，让我一直愧对于他们两人。

二

在以后的日子里，返城待业的那一年，我读到雨果的《九三年》，有一段话，总让我无法忘记。在描写1793年法国那场大革命的时候，雨果写下西穆尔登和郭文那场“剑与斧的对话”。西穆尔登把那场革命中出现的恐怖与暴力比喻成狮子，他强悍地表达：“这些狮子就是良心，这些狮子就是观念，这些狮子就是主义。”郭文反驳他的老师西穆尔登说：“这些狮子造成恐怖政治。”然后，郭文接着说：“打掉一切王冠，是要保护人头。革命是和谐，不是恐怖。”

这些话之所以让我难忘，是因为我想起了在二队的那段日子，即使说不上那样血腥的恐怖，却也是够残酷的了。工作组残酷地整完我们知青之后，又开始借助我们知青的手，整曹永本和张玉钦这样普通的老党员，笼罩在二队上空和我们每一个人心头的，都是这样残酷而恐怖的政治气氛。

让我总想起雨果这段话的另一个原因，是包括我在内的许多知青，其实都是相信狮子理论的，相信那些狮子就是良心，就是观念，就是主义，从而投身到那场“文化大革命”和知识青年上山下乡运动中去的。我们不懂得，便也根本没有思考过，革命其实应该是和谐，而不是恐怖，打掉一切高高在上的王冠，不是为伤害普通基层的人民，而应该是保护善良而无助的百姓。

在那样的年代里，我们不懂得和谐，我们崇尚的是那种狮子的哲学，我们不仅成为了二队工作组的枪手，也成为了那场革命的炮灰。我们让曹永本和张玉钦流泪，就等于让我们自己流泪；我们伤害了曹永本和张玉钦的心，其实也伤害了我们自己的心。那时候，我是多么地可悲，是多么地可怜，而我却以为在干什么伟大的事业，成为了乱世棋盘上微不足道的一粒棋子。

三

2004年，我回到北大荒，回到我们二队，迫不及待地问起有关曹永本和张玉钦两人的情况。大家告诉我：曹永本就在大兴岛场部的东边住着，今年七十八岁了，身体一点儿毛病没有。可惜，他领着老伴儿到外地旅游去了，你无法见到他了。

那时候，我是多么地可悲，是多么地可怜，
而我却以为在干什么伟大的事业，
成为了乱世棋盘上微不足道的一粒棋子。

张玉钦在两年前患癌症去世了。

说起了他们两人，话就像长长的流水，往事如烟如雾，扑面而来。

乡亲们告诉我：你走得早，不知道后来发生的事情。曹永本的命真是够大的，他遭的罪比张玉钦还要大，却挺了过来。那年为了找回他自己的党组织关系，他硬是从二队逃走了，当时，他还被人看管着，不许乱说乱动。他冒险连夜逃走。他是山东沂蒙山老区人，解放战争中参的军，给团长当警卫员，在淮海战役中随三野一起出生入死，1946年就入了党，怎么现在一下子不是党员，还成了反革命？他想不通，一定要回老家弄个明白，对看守他的人说去解手，借机跑了出去。队上的头头发现人跑了，赶紧派人去追，好几台拖拉机轰隆隆地开着，亮起明晃晃的车灯，像探照灯似的，把二队通往场部的道路和周围的田野都照得通亮。曹永本躲在田里的麦垛里，躲过了这些扫来扫去的灯光，没有敢往场部方向跑，怕那里人多太扎眼，而是往底窑方向跑，只要穿过底窑的那片林子，过了七星河，他们就很难抓到他了。你可不知道，那天夜里，老天爷似乎也怒了，刮起了九级大风，咱二队场院上的晒棚都被刮倒了，一步就能够被风吹出几米远，人就像是在风中飞。

老曹他终于逃出了大兴岛！我能想象得出，那惊险的劲头儿，不亚于当年的战争场面。他找回来党的关系了吗？

还真的找了回来，他跑了四个省二十二个县，最后从县委老档案那里找到一张纸条，是当年留下来的，纸条早已发黄，上面模模糊糊有一行字，证明他当年在那里入的党。这不，以后他才算真正的被落实了政策，闹了好长一段时间，才把党籍给恢复了。那时，你早都已经回北京了。

是的，我早已经回北京了，而曹永本却还在颠簸和挣扎之中。我离开大兴岛前，竟没有去找他见上一面，和他告别。不是不想，是不敢。那时候，记得我临离开大兴岛的前一年，曾经见到了他的小儿子，那时，因为他爸爸假党员的问题，他被迫脱下军装，提前回到大兴岛。我们两人的见面，相互都非常尴尬，我想起那一年我灰溜溜地从师部宣传队回到大兴岛的情景，清楚地知道他当时是一种什么心情。他竟然连一句责备我的话都没有说，却比骂我一顿还要让我难受。

我真的有些惭愧。一切水落石出的时候，落井下石中的那些大小石头中，有我的那一块，尖锐地显露出来，突兀得那么刺心醒目。

乡亲们还告诉我，曹永本从二队退休后，就回老家沂水了。回老家待了一阵子，想大兴岛，他的两个儿子那时还都在大兴岛，他也想儿子，就和老伴儿又回来了。儿子在场部给他买的房，他身体好，闲不住，自己跑到离场部东边十多里的地方，发现了一块生荒地，硬是像当年开荒一样把地开了出来，足有十来亩，种上了大豆，每天来回走上二十多里地，跑到那里种地，自得其乐。一年下来，居然打了十四麻袋豆子。

不管怎么说，虽然没有看见曹永本，知道他的日子过得还不错，惭愧的心里多少得到些宽慰。

四

张玉钦的命运，远不如曹永本。老张的脾气不像曹永本那样外柔内刚，老张是四川人，性格像川菜火锅一样火爆，把他打成假党员的那阵子，他特别愤怒，常常火冒三丈。他是一个志愿军的老铁道兵，从朝鲜战场上下来，随着十万转业官兵一起来到的北大荒，不求升官，不求发财，只求老老实实地种地过日子，怎么就成了假党员？说下大天来，他也不明白这个世界哪儿出毛病了。他找工作组去讲理，人家不理他；他回家发泄，和家里人嚷嚷，家里人只能忍气吞声。万病都从心头起，肯定就是从那个时候，病就悄悄地爬到他的心里了。

2002年的夏天，一个女知青从北京回到二队，那时候，张玉钦还在，已经是癌症在身，只是家里人谁也没有告诉他。他的女儿桂英心里很难受，悄悄地告诉了这个知青她爸爸得了食道癌。那一次，听说这个知青是自己花钱买的车票专门回二队看看的，老张突然火气来了，一下子暴躁得莫名其妙，他冲着老伴儿和桂英大声地嚷嚷：她是来看咱们的，咱们不能够让她自己花钱，你们知道不知道？于是，桂英和她妈娘儿俩赶紧跑出去联络了各家，凑足了四百多元的路费，这个知青哪能够要啊。娘儿俩又到各家去说，人家不要咱们的钱，咱们就送她点儿东西吧，让她带回北京，也是咱们的一点儿心意。能够有什么东西拿得出手的呢？最后，每家凑了两个鹅蛋。这主意，是老张情急之下想出的，北京城里，鸡蛋鸭蛋有，这样大个儿的鹅蛋肯定少见。一堆鹅蛋，亮晶晶的，却是怕磕怕碰，她怎么拿啊，只好谢谢大家的好意，连连推辞。没有办法了，她们娘儿俩想不出什么好的主意，各家也没有什么能够拿得出手的东西。可是，一番心意，总是要表达的，却又找不到一点儿能够表达的法子来，真是烧香找不着庙门，急死人了。

这时候，老张一言不发，坐在屋里闷头抽烟，谁也不敢和他说话。突然，他像笼中的狮子发怒一样站了起来，开始在家里翻箱倒柜，把里面的东西都倒弄了出来，扔得炕上地上乱糟糟的到处都是。桂英和她妈谁也不知道他要干什么，谁也不敢问，不敢劝。自从他患上癌症之后，脾气更是暴躁，常常没有来由地发作，想干什么就干什么，全家人都只能由着他的性子来。桂英和她妈以为他的急躁又是病在发作呢，因为她们娘儿俩知道，他这时已经病入膏肓。

谁想到，他从箱子底翻出了一个小包裹，那个小包裹包着一层层的旧布，他打开那一层层像是卷心菜一样包裹着的旧布。桂英和她妈看见最里面的一层包着的是一枚纪念章，她们仔细看了看，是一枚志愿军的纪念章。别说桂英从来没有见过，就是妈妈和爸爸结婚了这么多年，也一直不知道他还藏着这么一个宝贝。她们娘儿俩惊讶地望着老张，明白了他的心意。

这是那年志愿军从朝鲜回国的时候，他得到的一枚纪念章，五十年了，他把它带到北大荒，悄悄地珍藏着，一直没有舍得给任何人，也一直没有给任何人看过。一辈子没有过什么值钱的东西，这是唯一值得纪念的东西了，那上面有他的青春，也有他最光荣的一段历史。他对桂英她们娘儿俩说：真的再没有什么好送的了，只有把它送给她和北京知青吧！

想起这枚纪念章，我的心里非常感动。把这枚纪念章送给我们之后的一个多月，他就去世了。

五

2004年，重回二队，见到桂英，我一眼就认出了她，她也一眼认出了我。她就一直跟在我的身旁，我问起她爸爸，她什么话也不说，就那样看着我，听我问，听别人说。虽然眼角已经鱼尾纹密布，但一双大眼睛，还是那么明如秋水。她穿着一件淡粉色的衬衣，新剪的头发，显然都是特意准备的。她竟然把和我们知青的重逢看得这样地重，这让我心里一动，是感动，更多的是惭愧。

算一算，她四十出头了，她生在二队，长在二队，嫁在二队，她一生最宝贵的青春都在二队里度过了，她这大半辈子都没有离开过二队。在这四十多年里，有十来年的时间，是和我们知青在一起的，那是她最快乐的时候，也是她最难忘的时候。因为家里的孩子多，她是家里的老大，很小就开始干农活儿，帮助她的爸爸妈妈操持这个家。那时，她和我们在一个农工班里，她没有上过学，不识一个字，是大家帮助她认字，还教她唱歌，给她讲述外面的世界。她家里做了什么好吃的，也叫上我们去她家里打牙祭。在她家里，她就坐在一边，什么也不吃，什么也不说，只听我们东扯葫芦西扯瓢地说。她什么话也不说，我知道她的心里在想着什么。我们知青像炒熟的豆子一样，一个个蹦出了锅沿，离开这里走了，回北京了，她的心里像是空了。她和以前的姐妹们一样，也嫁给了当地人，生养孩子，花自开放花自飘零地一辈子。

1982年，我头一次回北大荒，回到二队，到张玉钦家看望。那时，老张变得不怎么爱说话，一头白发如银，显得苍老了许多。桂英却还是那样年轻，坐在灶台前为我烧开水，看见我，有些害羞地冲着我笑。和老张告别，准备去别的乡亲家看看，老张叫桂英带我去。桂英解下围裙，跑到我的前面，带着我一家家串门。那时，她还没有结婚，活蹦乱跳的，让我想起我在二队时她的样子。

我没有想到，再一次见到桂英，她变得这样地苍老。其实，离1982年，已经过去二十二年了，这中间夹着她爸爸的病故，人生的跌宕，人能不老吗？看着她，我忍不住总想起她的爸爸，他们父女俩长得很像，白头发和她爸爸一样，也是那么多。不仅头发像，脸庞也像，一双大眼睛也像，瘦瘦的身材也像。她显得有些老，倒是她妈妈还是和以前那样，很开朗，很活跃，很精神的一个老太太。对比她的妈妈，我的心里为她一阵阵难受。她不该这样苍老呀。如果不是她爸爸的病，她爸爸的死，她不该这样苍老。她爸爸的病，和队上强加给她爸爸假党员这个莫须有的罪名有关，这中间和我们知青对他的批判，和我写的小话剧《小张跑了》也有关呀。一粒沙子堆不起一座山，但一粒粒沙子汇聚在一起，便可以成为压倒一个人的山呀。我曾经就是那其中的一粒沙子。

想起张玉钦，我无法诉说我内心的悲痛，如他这样平凡的小人物，在我们以往动荡的政治生活中和传统文化里，从来都是被轻视的，不是为我所用地把他们膨胀成最大公分母，就是把他们简约成最小公分母。当他们无辜受到伤害的时候，其他的人，不是选择了事不关己高高挂起的沉默而心安理得，就是选择站出身来为表白自己参与其中伤害而不知羞愧。

可悲的是，那时候，我选择的是后者。但是，对于我们曾经给予他的伤害，他从来都是那样地宽容，他从来都没有认为那是我们的责任，他到死对我也是那样地有情有义，把哪怕是最后的一点儿关爱，也给予了我们这些在他看来还是孩子的知青。

离开北大荒之前的那个春天，我特意回二队和乡亲告别。我没有见到他，那时他和老曹被弄到外面干活儿去了。在他家里，我见到了桂英和她妈。说实话，正是因为知道他不在，我才敢去他家的。胆怯却有些惭愧的心，让我面对这一对母女，不知该说什么才好。她们娘儿俩却为我能够回北京而替我高兴，没有提一句关于他和她们母女遭罪的埋怨或伤心的话。那曾经疯狂演出过的小话剧《小张跑了》，她们娘儿俩更是只字不提，仿佛一切并不曾发生过。但是，一切毕竟真真切切地发

"熊瞎子最爱吃蜂蜜"
2011年3月

生过，而且，像冰雹一样都砸在了老张和他们一家的身上呀。

离别老张家的那天晚上，积雪尚未完全融化干净，春天的夜空，水洗过一样，是那样地爽朗。桂英和她妈一直把我送出老远，我越不让她们送，她们越是送，她们越是送，我的心里越是难受。彼此无言的沉默，只有夜声涌动，从远处隐隐传来……

桂英就这样一直跟在我身边，好像她有一肚子的话要对我说。那天，大家提议，要到二队的各处看看，各人有各自想起的地方，人群分散，纷乱的人流中，忽然见不到桂英了，不知为什么，我的心里有些发慌，总想把刚才在心里那些翻江倒海的话对她讲讲。

我张望着，终于在人群中找到了她的影子，赶紧走到她的身边，想说什么，却又一时说不出来了。忽然有些心酸，我禁不住紧紧地握住她的手，然后又搂住她那瘦削却有力的肩膀。看到她的那双大眼睛正在望着我，一下子，我的眼泪快要流出来了。我赶紧扭过头去。

六

两次回到大兴岛，我都没有见到曹永本。我决心要见他一面。我和他的小儿子联系上了。那时，他的小儿子正在天津工作，他告诉我冬天他爸爸要从山东老家回大兴岛，路过天津，他会陪他爸爸到北京玩两天。我告诉他：你爸爸什么时候来北京，一定告诉我。

我终于见到了曹永本。那天，我约了好几位曾经在二队的知青朋友请曹永本吃了一顿晚饭。算一算，我已经有三十多年没有见过他了，他和我在二队时见到的样子几乎没有什么变化。这样的感觉，让我分外惊讶，这个世界早已经变得苍老，而他竟然“我自岿然不动”，好像有意定格在那个风云激荡的年代，像一面青铜宝镜，也照出了我当年的模样，故意羞辱我一样。

倒是他的儿子，让我一点儿想不起我刚到二队时见到他的样子，也想不起他被迫脱下军装回到大兴岛时见到的样子，他长得越发像他的爸爸，让我仿佛看到了当年的曹永本。时光，不堪回首的时光，在那一刻，瞬间倒流，沧桑而苍凉。

说起往事，我对他说起我写的那个针对他和张玉钦的小话剧，他没有一点儿怪罪我的意思，只是温和地笑了笑，说：那时候你还年轻，知道什么呢！我接着想对他说些积存在心里多日的道歉的话，他打断了我，告诉我这样一件事。他落实政策恢复党员关系之后，那年的春节，他用一根柳条穿起了两条手指那么大的小鲫鱼，找到当年整他的我们大兴岛农场的头头家，说是给人家拜年来了。

我很惊讶，几乎叫了起来：两条小鲫鱼？这个突发的奇想，他是怎么想出来的？他不动声色地说：对，两条小鲫鱼！当时人家和你一样惊讶，但他知道我是什么意思，因为他心里也有愧，赶紧说我陪你回二队给你平反。

曹永本说得很平静。接着，他告诉我，他对那位头头说不对吧。人家说那你说怎么办好。他说好，你终于听我一回了，那我可就说了算了，当初，你是在整个建三江说我是假党员，现在，你也得在整个建三江替我平反。人家说那得农场党委研究。他说你整我的时候党委研究了吗。人家被他说得哑口无言。他最后说，要不这样也行，你就再说一句我这个共产党员是假的！人家羞愧得说不出一句话。

这段精彩的对话，很能显示曹永本的性格。他让我除了对他的敬佩之外，也为当年自己那个小话剧而感到渺小，和他手里曾经提的那两条小鲫鱼一样地渺小。

七

五十年过去了。五十年前，到北大荒，到大兴岛，到我们二队，我二十一岁。我们的青春比正常来得要晚一些。往事历历，刻骨铭心，常常不是因为那些值得骄傲的过五关斩六将，恰恰是走麦城的失败。一个人，如果还有羞愧之心，就应该为自己曾经所犯下的过错而忏悔。在这五十年的岁月中，我们这一代人经历了共和国现代化进程中的动荡和变革，在充满矛盾和艰苦的日子中成长，一下子又迅速地衰老。在这样的急遽变化中，无情的现实摧毁了我们这一代人曾经拥有的、知道的、相信的许多东西，这些东西中有不少是我们曾经赖以生存并值得骄傲的。前些年，我读美国学者马歇尔·伯曼写的一本论述现代化体验的书，书名叫作《一切坚固的东西都烟消云散了》。这个书名，出自我们这一代人曾经最坚信并崇拜的马克思。

伯曼在他的这本著作中引用了马克思在《共产党宣言》中说过的话："一切坚固的东西都烟消云散了，一切神圣的东西都被亵渎了，人们终于不得不冷静地直面他们生活的真实状况和他们的相互关系。"伯曼进一步解释道，"马克思在时间的层面上运动，努力使人们注意到一种正在继续的历史戏剧和精神创伤。他是说，神圣的氛围突然消失了，除非我们正视不在场的东西，否则就无法理解当前的自我。这段话中最后一个句子——'人们终于不得不冷静地直面……'不仅描述了人们要面对一种令人困惑的现实，而且突出了这种面对。"

伯曼这段话，针对我们这一代人，也恰到好处，马克思所描述的这种令人困惑的现实，正是这一代人必须直面的。这一代人经历了并消化了一切，什么也没有糟践。神圣的氛围消失了，精神的创伤还存在，痛苦地直面之后，这一代人老了，忽然到了退休之时。回首往事时，我们不能仅仅是无悔无愧地怀旧，将我们曾经的过错过失稀释淡化，甚至诗化美化和戏剧化，以为一切坚固的东西真的都已经烟消云散。

在我看来，这一切坚固的东西里，应该包括对曾经亲历的往事真实的记忆，包括我们的良知和最起码的羞愧之心，还有伯曼所说的正在继续的历史戏剧和精神创伤。

在我看来，这一切坚固的东西里，
应该包括对曾经亲历的往事真实的记忆，
包括我们的良知和最起码的羞愧之心，
还有伯曼所说的正在继续的历史戏剧和精神创伤。

八

我常常会想起我们二队的曹永本和张玉钦。张玉钦已经过世，所幸曹永本虽然年过九十，依然健在。想起他们，我就想起从小就景仰的共产党员，一般都是英雄烈士或做出过丰功伟绩的人物。张玉钦是一个共产党员，一个上个世纪50年代初期在朝鲜战场入党的共产党员，一个把自己一生中的一半献给了朝鲜战场、一半献给了北大荒的共产党员，一个最后只剩下了一枚志愿军纪念章的共产党员。他并不比那些英雄烈士差，他一样也是生的光荣死的伟大。

曹永本是一个1946年就入党的老党员，一个身上留有国民党枪击后的伤疤、脖子上留有我们二队链轨板挂上后的印痕的老党员，一个复员后在县委当了干部却辞去公职跑到北大荒来开荒种地的老党员，一个在最后平反阶段党委派人找到他，要他填写任何一个数字都可以给予他经济赔偿，他却一分钱也不要的老党员。

对于曹永本拒绝领取赔偿金一事，我曾经专门问过他。他亲口对我说的话，我真的是很难忘记。他说：当时我问他们要补偿给我的这钱叫作什么钱？他们告诉我说是“血钱”，因为我毕竟为此流过了血，应该得到补偿。我说我不要，我说孟良崮战役的时候，我看到我的战友身上流的血洇红了一片地，战友的尸首把战壕都填平了，身上的血得是流干净了最后才死的吧，他们要一分钱了吗？我不要，我怎么能要呢？

想起曹永本和张玉钦，我真的无比感动。我真的无比惭愧。我见过许多官居高位冠冕堂皇的共产党员，有些才真正是假党员，而曹永本和张玉钦是真正的共产党员，虽然他们不为人们所知，但在我的心里，他们是共产党员的一个标尺。他们以自己看似微弱而渺小的善良与宽容，战胜了曾经貌似强悍的丑恶和残暴乃至恐怖；他们以自己坚毅的性格和正直的人品，教会了我那种来自民间最底层的质朴情感和坚定立场，以及绝不向命运服输的精神。他们像是播撒在我们心里的种子，萌发在知青的岁月里，成长在如今的日子里。

如今，在曹永本的家里，还能够看到当年他和他的战友攻打孟良崮胜利后的照片。那时，他才刚满二十岁，他是多么地年轻。

如今，在张玉钦的家里，我们只能够看到他当铁道兵时候的照片。那时，他还不满二十岁，他是那么地英俊。

一个人的青春，竟这样快地风流云散了。

一个人的记忆，却不可能就这样烟消云散。

在我的记忆里，关于曹永本和张玉钦，有我的那个小话剧《小张跑了》，还有那一枚纪念章，那两条小鲫鱼。永远难以烟消云散。

一个人的青春，竟这样快地风流云散了。
一个人的记忆，却不可能就这样烟消云散。

动物园的约会

日子过得真快，五十年过去了。那一年的春天，我从大兴岛二队调到农场场部中学教书。杨老师是和我先后调到学校的。在这之前，我们分别在不同的生产队里干农活儿，彼此没有见过面。来学校后，他教数学，我教语文，也没有任何来往，只是见面客气地打个招呼而已。那时候，他不到四十岁的样子，但显得比实际年龄要大些，特别是早早谢了顶，更显得沧桑。

学校条件有限，所有的老师都挤在一间办公室里。办公室的对面是女老师的宿舍，好几个年轻未成家的女老师都挤在那里。这两间大房子之间，夹着一间窄小的屋子，住着我和另外两个硕果仅存的单身男老师。每天，杨老师都是走得很晚，来得很早。走得晚，倒没什么，关键是他来得实在有些早。我们三个男老师都还在睡懒觉，就会被他叮叮当当的声音吵醒。他很勤快，扫地，烧水，将办公室收拾得利利索索，好像他是一个勤杂工。不知道他那么早的到来会不会惊醒了女宿舍里的女日子过得真快，五十年过去了。那一年的春天，我从大兴岛二队调到农场场部中学教书。

老师，我们三个男老师都希望他每天可以走得晚些，但真的不必来得这么早。

当老师们陆陆续续来到办公室了，他老猫一样伏在桌前，一声不吭。在办公室里，我几乎没有听到他和谁讲过话，像个扎嘴的葫芦。

有一天，下午放学之后，女老师们早早回宿舍里洗洗刷刷。这是可以理解的，因为这时候，水房里还有热水，过不了多久热水就没有了。那时候，洗澡是大家最大的问题，一盆热水，往往是一个人从头到脚全部洗涮的用水了。洗涮完毕，端着盆出门将水倒在地上，是一天洗涮全部活儿的结束，可以踏踏实实地等着吃晚饭，干点儿自己的事情了。

那天，一位女老师洗涮完毕，端着盆准备出来倒水，宿舍的房门打开了，正巧有一个男生跑到办公室来交作业，正好一眼望穿女宿舍。紧贴房门正脱衣服洗涮的女老师，是位哈尔滨知青，她惊叫一声：他都看见了！声音如雷贯耳，我们三个男老师都跑出我们的小窄屋，不知发生了什么事情。只见那个男生朝我们诡谲地一笑，跑进办公室交完作业，赶紧跑走了。

哈尔滨女知青提好裤子，追了出来，一直追上这个男生，把他像提拉小鸡仔似的提拉到办公室。这个男生是杨老师的学生，她不依不饶地把他交给杨老师，叫喊着：就是一个流氓！你得好好教训教训他！杨老师没有说话，只是把学生领出办公室。我不知道他把学生领到什么地方去了，又是如何教训那个学生的。那一天，杨老师没有再回办公室来。

事情没有结束，哈尔滨女知青看杨老师没有把那个被她视为小流氓的学生怎么着，便将学生和杨老师一起告到了校长那里。校长没有自己的办公室，和我们在一起办公，她一口一声小流氓叫喊着，非要让校长处分这个小流氓。她清脆的大嗓门震荡在办公室里，哪个老师都听得清清楚楚。校长很有涵养，听完她的叫喊，没有说什么，只是走到杨老师的办公桌前，把杨老师叫出办公室。我们谁也不知道校长和杨老师谈了些什么，只看到杨老师回到办公室的时候，满脸通红，胸脯起伏，像拉着风箱，然后，拿起桌子上他的书包，快步离开了办公室。

办公室里的老师们对杨老师议论纷纷。从这些议论中，我才知道，他参加过抗美援朝，当过志愿军的翻译。1958年，他是和十万转业官兵一起从部队复员来到北大荒的，资格很老。但我始终不知道，他是由于什么原因被打成右派才发配到北大荒的，我和他关系熟了之后，从来没有问过他，他也从来不提自己“走麦城”的窝心事。

很久以后，我和他熟络了，有一次交谈中谈起往事，说起他刚到学校每天那么早就跑到办公室忙活的事情，他告诉我，是当右派时候每天劳动改造时的习惯。他苦笑着对我打了比喻：就像一直在轮船上晃荡，刚上岸，觉得岸上还在晃荡，得抓住个扶手。

我们也提起了那天放学之后他班上的那个男生看见了女老师洗身子的事情，我问他怎么教训那个学生的。他苦笑一下，说：怎么教训？他也不是故意要看的，随便就给人家扣上一个流氓的帽子，这流氓也太好当了。然后，他又说了句：我们就爱给别人扣帽子！

我也问了那天校长和他的谈话。他告诉我，校长开始真的要处分那个学生，他和校长争执起来，他说就是看了一眼女老师洗澡就给人家扣上一顶流氓的帽子，而且这一眼还不是有意，这样的处分太轻率了，会给一个孩子造成一辈子抹不去的阴影。

别看他平常不爱说话，但他很会说话。说的是平常话，却不白，有嚼头。我对他充满好感。

我记得很清楚，我们两人第一次的谈话，谈的时间并不很长，却谈得很投脾气。和我想象中有些郁闷封闭的性格不一样，他很开朗，还比较健谈。他是南方人，但普通话说得很好，听不出一点儿南方口音。那是一天下班之后，办公室里其他老师陆陆续续都走了，只留下了我们两个人，好像特意安排的一样，让我们有一次碰撞交流。

我忘记了那天我们是怎么开头的，记得是杨老师走到我的办公桌前，我赶忙站起来，问：有什么事吗，杨老师？然后是他不经意的问话，这些问话像是一服服药引子似的，引出了许多的话题。其中一个话题，就是问我：听说你挺喜欢文学的是吗？我说：是。于是，从普希金到车尔尼雪夫斯基到契诃夫再到柯切托夫（那时候在我们学校里私底下正流传柯切托夫的小说《你到底要什么》），在谈论了一通俄罗斯的文学之后，他又问起我关于北京的事情。我发现他比问我那些俄罗斯文学还要感兴趣。而且，我感到他有一些隐隐的激动，像是唤起了以往什么沉睡的记忆，要不就是触动了以往什么难忘的伤疤。他竭力掩藏着这种情绪，但是越想掩藏，越掩藏不住，更让我感到他情绪的波动。

我已经记不清他具体都问了一些关于北京的什么，大概都是一些这样的问题，比如“前门大街的一条龙饭馆还在吗？煤市街里的致美斋还在吗？什刹海边上的烤肉季还在吗？鼓楼前的马凯餐厅还在吗？”都是关于饭馆的，这一点我记忆很深，心里想，他是南方人，对北京的吃还挺在行，说得比我这个从小在北京长大的人都头头是道。或者是因为在北大荒吃得太艰苦了，特别是到了冬天，除了土豆白菜胡萝卜老三样，而且都是一些冻了的东西，没有别的可吃，他想去北京解解馋吧？

那时，我只是感到他隐隐的激动，不能够理解他内心深处这种激动的真实原因。那毕竟是他被打成右派从生产队里走出来后第一次关于这样话题的交谈，压抑了多少年的心情，随着回忆唤醒了许多青春的感觉。那绝对不仅仅是美好的回忆，还包括他青春境遇的苦涩伤感和青春梦想一去不返的无奈。更何况，自从来到北大荒之后，十四年了，他再也没有回过北京一次。

那天，他还对我说过一句话，当时被我忽略了。他似乎不经意地告诉我：我原来在黄寺住过几年。在以后很久，我才知道我忽略了他在那里住过的几年，正是他人生重要的几年，是他青春年少的几年。黄寺那个地方，自从新中国成立以后，都是部队的大院。他住在那里的时候，正是他刚刚参军的时候，是他从朝鲜战场上刚刚回来的时候。他所说的那几年，正是分成这样前后两个阶段的，中间隔着一个朝鲜战争。战争结束了，他本来可以前途美好通达的，他可以从黄寺这里出发，走得更远更好的。可谁想到呢，他被打成了右派，一顶被人随意扣上的帽子，一下子让他被发配到了北大荒。

北大荒可以是他痛苦命运的集散地，像是潘多拉的魔瓶，专门收进他的苦难，但黄寺不是，黄寺是他青春美好的盛宴，每一道菜肴都能够让他品味和回味。

那是两个不同位置的地理坐标，是两种不同命运的具象象征。

我和杨老师熟了以后，才渐渐地了解了他，也就明白了那天他为什么问起我那样两个话题。那是他无意识的，也是他多年积淀下来的，那是他的一个疤，也是他的一个痛。

以前，我只笼统地知道他当过翻译，后来我知道了他曾经是俄文的翻译，也就明白了那天他对我谈起俄罗斯的文学为什么那样地熟悉，那样地一往情深。而所有关于北京的吃食，都是他青春无可名状又无法言说的一种记忆呀。在人的一生中，文学只是一种遥远的想象，可望而不可及之中，想象总可以给人慰藉；而吃食却是实实在在的记忆，是刻印在自己的胃口和味蕾里甚至是生命里的痕迹。一个人的回忆也好，乡愁也好，往往是和这些

北大荒断简

那绝对不仅仅是美好的回忆，
还包括他青春境遇的苦涩伤感和青春梦想一去不返的无奈。
更何况，自从来到北大荒之后，
十四年了，他再也没有回过北京一次。

吃食联系在一起的。

那一年寒假，我回家探亲，临走前，我见到杨老师，问他需要我帮他从北京带回点儿什么东西。我想，他那么怀念北京，特别是北京的那些吃食，一定会让我帮他带点儿什么的。

他却摆摆手，说：不用了，我也准备到北京看看。

我非常地高兴，我知道，自从那年从北京的黄寺走后，他再也没有回过北京。现在，政策落实了，心情和经济都好转了，才想起来回去看看。然后，他告诉我，他和爱人一起回南方老家过年，过完年回来在北京住几天。

我说：那太好了，你可以看看黄寺，吃吃你想吃的东西了。

他说：咱们在北京见吧。

我说：好呀！

我感觉他是随口说道：那咱们就大年初二在动物园门口见吧。

我便也随口答道：好呀。

我以为他只是开玩笑，谁大过年的跑到动物园去约会？大年初二，年还没有过完，这么多年，好容易才回一趟老家，他怎么可能年没有过完就来北京呢？

谁想到，那年寒假结束，我回到学校，见到了他，他第一句话就问我：你怎么没有去动物园呀？

开始，我还以为他是在和我开玩笑呢，真是没有想到，大年初二，他自己一个人真的到动物园门口等我，等了好久。看他说得那样认真，我知道他确实在大年初二那天去了动物园。我非常抱歉，却是无法弥补了。我只好很惭愧地对他说：以后你再到北京，我一定得弥补这个过错。

但是，这么多年过去了，他再也没有来过北京。

由于这件事情，我很难忘记杨老师。1982年，2004年，我两次回北大荒，见到杨老师时，都曾经对他讲起了这件事情，一再向他解释。特别是2004年8月的那个清晨，我要离开建三江回北京，鬓发斑白的杨老师一大早赶来为我送行。那时候，凭着他的渊博知识和教学经验，他已经调到建三江管局的中心学校教书好多年了。都已经坐上汽车了，我又摇下车窗，探出头，再一次向他解释：我当时真的以为你是开玩笑呢，才没有去动物园的。他笑着说：我真的是去了动物园呀！他越是这样说，就越让我感到惭愧，对不住他。汽车开动了，他还是像以往一样微笑着，向我挥着手，一直到看不见他的身影，眼前只有一片北大荒甩手无边的田野，我的心里沉甸甸的。杨老师是一个命运坎坷的人，是一个有故事的人，只可惜，我错过了听他倾诉的机会。

八年前，一个晚上，我的手机铃声响了。一看屏幕上的显示，是个陌生的电话号码，以为又是骚扰电话，没有接。谁知，没有过多一会儿，电话铃声又响了，一看还是那个号码。就这样，一连响了几次，谁这么执着地给我电话？我刚要接电话，不想对方的电话挂上了。不一会儿，发来一条短信：肖老师，您好，一连给您打了好几次电话都没有打通，只好发短信告诉您，我是原来大兴农场中学杨老师的一个学生，我要告诉您的是我们敬爱的杨老师于昨天晚上不幸去世了。他住院期间，我看望他时，他还对我提起了您……下面的字，我看不清了，只知道最后署着这个学生的名字。眼泪已经模糊了我的眼睛。

虽说生老病死是必须面对的，但我的心里还是非常难过，忍不住又想起了四十多年前动物园的约会。记得有限的几次见面时或电话里，我一直想问问他：那年的大年初二，你为什么非要选择到动物园约会呢？如果你选择到别的地方，比如王府井、鼓楼、北海什么的，我都不会以为那是玩笑的。可是，话到唇边，又咽了下去。我想，也许并不是一时的心血来潮，确实有着什么他自己的一点儿青春的秘密和记忆吧。就像黄寺曾经是他从一个年轻有为的军官到右派罪人命运转折的地理坐标，动物园一定也是他至关重要的人生驿站。

很多时候，只要一想起杨老师，我的心里就会想，如果那次我去了动物园，见到了他，他一定会对我讲起他的那些一直藏在心底的故事和秘密的。但是，我没有去，他以后也再没有讲，便也就错过了这样的机会。想起罗曼·罗兰在《约翰·克利斯朵夫》中曾经说过的话：“每个人的心里都有一座埋藏自己秘密的坟墓，到死也不肯说出。”如果真的有什么秘密的话，就让秘密保留在他自己的心里吧，就让惭愧伴随着思念，像蛇一样永远咬噬在我自己的心底吧。

很久以后，在北大荒荒友的一次聚会中，碰见好几位当年

每个人的心里都有一座埋藏自己秘密的坟墓，
到死也不肯说出。

在大兴农场学校当老师的荒友，我提起了杨老师，也提起了给我发短信的杨老师那个学生的名字。他们告诉我：这人就是当年咱们学校那个哈尔滨的女老师找校长非要给人家处分的小流氓，你忘了吗？我怎么会忘呢？是杨老师据理力争保护了这个孩子，他特别反感随便就给人家扣帽子。

想想，这个学生今年应该也已经年近六十了吧？

杨海洋和罗亭

我第一次对杨海洋有印象，是1969年的秋收。那天，我在场院干活儿，把收到场院里的大豆灌麻袋入囤。下午收工的时候，场院闹了事，一下子开了锅。原因是有一个当地的农妇，想偷偷地装点儿豆子回家。问题是偷的豆子藏在哪里不行，非得藏在裤裆里。还有问题的是，偏偏被队上一个当地的嘎杂子琉璃球给盯上了。当这个女人刚要离开场院的时候，这小子大声嚷嚷着，说这个女人已经不是第一次以这样的方式偷豆子了。更大的问题是，他一把抓住这个女人的胳膊，非要人家把豆子倒出来。人家已经认㞞，要解开裤脚，让豆子顺着裤腿倒出来。他不干，招呼着另外几个坏小子，哄叫着围了上来，一起上手要解开人家的裤子。这个女人岁数不算大，算是小媳妇，但不是善茬儿，平常就爱和一群老爷们儿胡闹，就看她弯着腰，死把着裤带不放，双脚乱踢那几个小子。但是，好虎架不住一群狼，裤带还是被解开了，露出一个红裤衩，豆子哗哗地从裤衩里外流了一地。

这样的闹剧，在队上时有发生，是当时农村的风气。一群坏小子用这样的方式，捉弄结了婚的小媳妇和半老徐娘，常有女人半推半就，发泄彼此饥渴或过剩的性欲。当地人早就见怪不怪。不过，我第一次见到这样的事情，觉得新鲜又刺激，想看又不敢看。

闹剧结束了。场院主任让留下几个人，打扫刚才混战中撒了一地的豆子。留下的几个人中，有我，也有杨海洋。刚才闹事的时候，他一直站在人群后面，倚在粮囤边上看热闹。我猜想，他那一双看尽世事沧桑的眼睛，一定有些麻木。事后很久，我和杨海洋熟了之后，他这样对我讲。他对我说：你说错了，我是觉得人活着都挺不容易的，农村人没有任何的娱乐，为了让活着有点儿滋味儿，只能这样自娱自乐。这话说得我觉得他有点儿像哲学家呢。我对他始终不敢小瞧。

收拾完场院，我们一起往食堂走，准备吃晚饭。在这之前，杨海洋只是埋头干活儿。不显山不露水的，我对他没什么印象。杨海洋从兴凯湖农场来到我们队已经有几天了。兴凯湖是劳改农场，在那里的不是劳改犯，就是劳改释放犯。那年春天，珍宝岛战役之后，黑龙江乌苏里江边战备紧张，便把兴凯湖农场的这些人都后撤到内地，陆陆续续分散到各个农场的生产队。我们二队来了仨人，杨海洋是其中一个。

那天，不知怎么的，杨海洋忽然话多了起来。在路上，给大家讲了一个“红裤衩”的故事。很显然，是由刚才在场院发生的事情引起的，那个偷豆子小媳妇的红裤衩，让他情不自禁地想起了自己的红裤衩故事。

不过，当时，他讲的时候，说的是别人的事情，把自己择了出去。我和他熟了之后，有一天，说起那天场院的闹剧，又扯出了红裤衩，我笑着说他，那天你讲的红裤衩肯定就是你自己的事。他使劲儿在我的胸口上捅了一拳，说：你想象力够丰富的，怪不得你能瞎编节目！

这是一个多少带点儿色的故事，对于我们这些知青颇有吸引力。其实，他讲得很简单，就是说，一个男人刚结婚的夜里，看见媳妇脱下裤子，里面穿着一条红裤衩，觉得特别来劲儿，虽然屋里的灯熄了，借着窗外的月光，那红裤衩还是非常扎眼。这个男人便天天晚上盼望着红裤衩出现，黑灯瞎火的什么也看不见，只能看见红裤衩有点儿亮，就向红裤衩摸了过去。最后，他总结道：场院上那几个小伙子，就是这样的男人，只要是个男人，都会是这个德行！

他挺能说的，绘声绘色，有事实，有道理，有批判，有理解，还有总结和节制。我忍不住侧过头看了看他，一个个头儿高高的男人，脸庞过于瘦削，长相挺俊朗，一副干练的样子，操着一口地道的北京话，年龄大概比我大十来岁的样子。

这个男人，不那么简单。他是怎么跑到兴凯湖农场的呢？发配到兴凯湖的，犯的肯定不是一般的事情，那时候，我对他一无所知，只知道他是北京人。北京人，犯一般的事，会送到茶甸农场，那也是劳改农场，但离北京城里很近。从北京发配到这么远的兴凯湖，他到底犯了什么事情呢？我对他充满好奇。

杨海洋这个红裤衩的故事，很快就在队上传开，越传越邪乎。最后，让队上头头知道了，在全队大会上，把他一顿好批。一个劳改释放犯不好好夹尾巴做人，还敢用黄色故事腐蚀知识青年。这顶帽子够大的！大祸就要临头了，谁都替他这么想。

从批判中拔出萝卜带出泥抖搂出的事，我才知道了杨海洋是怎么被发配到兴凯湖的。他原来是北京一家纺织厂的会计，领导贪污，让他做假账，领导被查，他故意放了一把火，账本在火中烧掉了。他以为领导和他的责任便都无法查出来了，可是，他照样被查，认定为他和领导穿一条裤子，合伙作案，判了刑，发配到兴凯湖。那时，只要是批判会，档案里的材料，队上的头头就可以像抽烟一样，随手从烟盒里掏出来一支又一支，点着之后，扔在你的脸上烫你。

不过，让全队人分外奇怪的是，对杨海洋的批判，虎头蛇尾，渐渐地变成了雷声大雨点小，没过多久，也就不了了之了。

这里的蹊跷，很快，大家一目了然。那时，队上正准备建砖窑烧砖好盖砖房。砌砖窑这活儿，和砌墙垒炕差不多，好多人都能干，但是，点火得烧煤，这煤一时半会儿运不过来，即使运过来，成本太高，一笔账算下来，还不如买现成的砖划算。这都怨队上的头头，脑袋瓜一热，匆匆上马，根本没有考虑周全。砖窑砌好了，火点不着，这很让队上的头头搓火，塌面子。这时候，杨海洋自告奋勇地找到队上的头头，说他能解决这个难题。头头自然很高兴，满脸堆笑地问他具体有什么高招儿，听他说是用麦秸替代煤，一下子就笑脸耷拉成驴脸。这算什么招儿呀？谁都知道，麦秸根本不经烧，再多的麦秸塞进灶里，一会儿的工夫，就跟早泄一样，烧没影儿了。连做饭都不用麦秸，用麦秸烧窑，开什么玩笑！

但是，杨海洋并不是说着玩的。我到现在都弄不懂，他是用什么神机秘诀将根本不是烧火材料的麦秸试验成功，让我们二队砖窑的火焰长明灯一样不灭的。尽管开始几乎所有人都不相信他会试验成功，最后，他毕竟成功了。不仅让砖窑烧出了红砖，他还巧妙地将我们知青食堂的灶和砖窑连在一起，又节外生枝接出了一个大水炉，用砖窑的余火帮助食堂烧饭的同时，还解决了我们知青洗脸洗澡用的热水问题。

立刻，杨海洋土鸡变凤凰，成为我们二队公认的大能人，把我们队上两个中专毕业的技术员臊眉耷眼地比了下去。人们对于有才华的能人，普遍充满敬仰之情，便也容易一俊遮百丑，几乎忘记了他是从兴凯湖农场来的了，他的能耐，洗白了劳改释放犯这个称谓。

人们也很容易如同墙倒众人推，落井下石一样，从一个极端到另一个极端，爱屋及乌。最明显的是对杨海洋儿子的态度转变。

这时候，我们队上的小学校正要排练京剧样板戏《红灯记》。一个生产队的小孩子，能够排练连台本全套的《红灯记》，将成为当时整个大兴岛的一个新闻。队上的头头像打了鸡血一样，非常兴奋。如果《红灯记》排练成功了，就和队上的砖窑点火成功一样，都是给他们长脸的好事。而且，是双喜临门！

队上的头头想起了我，知道我自幼喜欢文艺，还曾经考过中央戏剧学院的表演系，都已经录取了，“文化大革命”来了。那天，队上的头头把我找到队部的办公室，头一次笑脸相迎，让我去小学校帮助排练《红灯记》。我自知能力有限，难以胜任，便一再推脱，说排个小话剧行，这京剧我根本不会呀！头头说：话剧是戏，京剧也是戏，都是戏，就像麦子是庄稼，苞米也是庄稼，不都得一样种在地里不是？他这样茄子葫芦一起数，我跟他拎不清，又怕自己过于拒绝，有点儿不识抬举，一下有些进退维谷。

杨海洋进来了，说他行！队上的头头一听，眼睛都直了，我也有点儿惊讶：怎么什么你都行？千手观音吗？你也真是个大能人了！头头问：你真的行？他连连点头说道：我说行，不是说我自己，是说我老婆行！我和头头几乎异口同声：你老婆？他肯定地点点头。

他老婆是和他一起从兴凯湖农场来到我们二队的。不过，他老婆被分在家属班里，家属班是专门为当地老农的家属成立的，干一些零活儿、杂活儿，无外乎是帮助菜园子拾掇拾掇菜或剥剥苞米磨磨豆腐之类的活儿，和我们知青的农工班不搭界，如果不是麦收豆收农忙时她们到地里和场院帮忙，彼此很少照面。杨海洋一家来我们二队那么长时间，我根本没有见过他老婆。听说人长得挺漂亮的。

说实在的，杨海洋闯进来，替他老婆毛遂自荐，我有点儿不信，长得漂亮点儿，不见得会京剧呀！那时常演朝鲜的一部电影《鲜花盛开的村庄》，里面有句台词，叫作：漂亮的脸蛋儿不长大米！

队上的头头更是有点儿二乎，因为他比我更清楚，杨海洋的老婆虽然不是劳改释放犯，是跟着杨海洋一起来到我们二队的，但是，她这个人跟病西施似的，弱不禁风，干活儿极差。会不会是为他老婆不干活儿才跑到这里来主动要求排《红灯记》的？

杨海洋是个精明的人，早在兴凯湖练就了察言观色的本领，他看出了队上头头的疑虑，知道这时候再怎么解释只会弄巧成拙，便说：没有这金刚钻，我也不敢揽您这个瓷器活儿。这么着，您试一试不就结了吗？不行，您再把她退回到家属班，不是一句话的事情？

就这么着，杨海洋的老婆和我一起来到小学校，排这出小学生版的《红灯记》。队上的头头和小学校的校长一致认为我比杨海洋的老婆更靠谱一些，来了这么一个双保险。

我第一次见到了杨海洋的老婆。人长得是不错，个头儿高挑，身材苗条得近乎瘦骨伶仃，鹅蛋脸，眼睛细长，嘴唇微翘，总是要对人讲话似的。但不知为什么，她给我的感觉不像正经人似的，像妓院里出来的窑姐儿。当然，这样恶毒的联想，我是对任何人都不敢说的，后来和杨海洋熟悉了，提起他老婆我只是开玩笑地对他说：怎么我觉得你媳妇有点儿像电影《英雄虎胆》里王晓棠演的那个女特务呀？他不生气，哈哈大笑说：那你就是说我是和她演对手戏的于洋了？

头一天排练，是分配角色。校长和队上的头头都来了，没等大家说话，他们二位异口同声地拍板，就让杨海洋的儿子演李玉和了。我瞥了一眼杨海洋的儿子，刚上一年级的小豆包，人长得倒是白白净净的，很精神，个头儿也实在太小，跟根豆芽菜似的，比演李铁梅和老奶奶的个头儿都矮一截。一个剧里的一号英雄人物，这合适吗？没容我说话，队上的头头发话了：就这么定了，你们好好演，一炮要打响，给咱们二队争脸！训完话就走了。事实证明，队上的头头别的事情说的话没谱，定下杨海洋的儿子演李玉和这事，还真是定对了。正式演出的时候，他演的李玉和，别看个儿小，但最出彩，唱腔和身段，一板一眼的，还真像那么一回事。我们二队的人，都特别喜欢这个孩子，早忘记了他们一家三口刚来我们二队时对人家的冷眼冷语和冷落。

校长很能干，为了这出《红灯记》，出力不少，早把一些道具准备好了。其实，就是桌子椅子，磨刀人扛着的一条长板凳，还有一盏马灯，算作李玉和手提的红灯。杨海洋的老婆看了一圈，问校长：没有服装吗？校长说：上哪儿找服装去呀？有那么个意思，凑合能演就行了！那哪儿行呀！她撇撇嘴。那天一整天就是先背台词。下午放学之后，就看杨海洋的老婆风摆柳枝，扭着瘦瘦的腰身回家了，连搭理我一下都没有，很有些小人得志的样子，让我不爽，心想杨海洋怎么找了这么一个老婆。

没过两天，她抱着一包衣服来学校排练。打开一看，是李铁梅的一件红底黄花靠襻上衣，李奶奶的一件烤蓝色的对襟上衣，李玉和的一件制服，还有一顶带硬帽檐的大壳帽。校长惊讶地问她：都是你自己做的？她颇有些得意地点点头。这家伙，和杨海洋一样，也是个大能人呀！我对她刮目相看。

当我们小学校的《红灯记》风风光光地在大兴岛各个生产队演出了一圈之后，杨海洋告诉我，那几件衣服确实是他老婆用自己的旧衣服改的，那个李玉和戴的大壳帽，则出自他的手。他是用自己的一顶破帽子，夹上马粪纸衬起帽檐和帽顶，再用铁丝固定的。想想，这样的技术活儿，必须是出自他那灵巧之手。

由于排《红灯记》，我和杨海洋的老婆熟了起来。她不像杨海洋那样爱说话，但她真的会唱戏，那时，我才知道，她以前是长春市的京剧演员，唱青衣的。如果不是到了兴凯湖，演《红灯记》，李铁梅还不是她的？我这样对她说，说得她眼泪汪汪的，让我对她心生一阵好感。想起杨海洋曾经说过的话，人活着都挺不容易的！

让我对她再一次心生好感的是，排练到了尾声那一天，她主动邀请我去她家，说她包韭菜馅的饺子请我吃，一起庆祝庆祝。领着她的儿子，我跟着她来到她家。这是我第一次到她家，我对杨海洋说：你都没有请我到你家来过，还是嫂子请的我！杨海洋一脸苦相对我说：我是一个有砟儿的戴罪之人，脸上刻着黄金印呢，请你来我家，不是怕人家说是腐蚀知识青年吗！

他老婆包的饺子真的很好吃。开春的新韭菜特别的香。那天，酒没少喝，我没想到他老婆那么能喝，杨海洋没喝醉，她自己把自己灌醉了。醉酒后她的话一下稠了起来，杨海洋不拦她，任她敞开了话匣子。开始，我以为她是为了庆祝《红灯记》就要正式演出了，忍不住想起自己以往唱戏的花样年华涌出来的伤感。听到后来，我明白了，她是自拉自唱，在悲叹自己的命运。她是一名京剧演员，可以不到兴凯湖来的，谁让她在长春电影制片厂工作的丈夫，后来被打成了右派呢。丈夫被发配到兴凯湖，她跟着也来到了兴凯湖。嫁鸡随鸡，嫁狗随狗，戏词里不都是这么唱的吗？谁想到丈夫到了兴凯湖不久就病死了，她便改嫁给了杨海洋。

这样的命运，在兴凯湖并不是个例，不嫁人，一个年轻的女人，在那样天远地远艰苦的地方，实在是难熬的。关键是最后她拉着我的手哭了起来，对我说：你知道吗？如果不是在兴凯湖那么一个倒霉的地方，我能嫁给他杨海洋吗？我嫁给了他，还给他生了个儿子，可是，你问问他，他心里真的爱我吗。这话说得扎心窝子，我像是一个贸然闯入窥探到人家隐私的人，心里实在不是滋味儿。她的手紧紧地攥着我的手，我不敢抽回来，瞥了一眼坐在对面的杨海洋，他不说话，也不抬头，光一盅接一盅地喝酒。

那天夜里，从杨海洋家里走出来，他老婆已经醉成一摊泥，呼呼大睡。杨海洋送的我。北大荒春天的夜晚，风虽然还有些料峭，但湿润温馨了许多，远处的田野新播种的大豆还没有发芽，冬小麦已经露出茸乎乎的新绿了，再远处的七星河已经开化，潮气扑来，脚底下的地不那么板硬，而是松软了许多。他送我一段路，一路都没有讲话。我很想问问他：他老婆讲的是醉话呢，还是真话？我没有问，因为我觉得一定是真话，而且，是憋在肚里很久一直想倾吐的真心话。

从外表看，他们郎才女貌，尤其在兴凯湖那么一个地方，也实在算是难得的一对。但是，他们的结合，确实也是无奈的，因为彼此都再没有更好的路可走。那么，他老婆所说的杨海洋并不真正地爱她，很可能是实情。不过，话又说了回来，一个劳改释放犯，还敢奢望什么真正的爱情吗？但是，话还可以再说回来，一个劳改释放犯，怎么就不能心存残灰一般，存有那么一点儿点儿真正的爱情了呢？当然，这些都是以后我渐渐悟出的一些想法。在那个春天的夜晚，涉世不深又认定非黑即白简单的是非伦理标准的我没有悟出，从内心是倾向杨海洋老婆那一边的。

不过，在那个春天的夜晚，我还有一个问题，是想问问杨海洋的：你老婆说你心里并不爱她，那你心里是不是另外还有一个爱着的人？但是，我没好意思问。只是猜想，他和他老婆结婚是头婚，已经三十好几了，在北京犯事被发配到兴凯湖之北大荒春天的夜晚，风虽然还有些料峭，但湿润温馨了许多。

前，正是年轻谈恋爱的时候，他一表人才，又那么才华横溢，不会没有姑娘爱的。这应该不是我一个人最正常的推理。看他送我那一路心事重重的样子，他老婆的话肯定不是没有来由的。

当一个人藏在心底的心事或隐私，尽管并不十分清晰，但已经被人触摸到了，就会像踩着了尾巴头会动，就会像春天白桦树的树皮，再坚硬却被小刀划破了一样，树里面的汁液忍不住要滴答下来的。我相信，如果他觉得你还足够能被信任的话，总有一天，会忍不住对你讲的。

不过，这一天，无论对于我，还是对于杨海洋，始终没有到来。

这一年的夏天，北大荒暴雨来袭，一连好多天不停，大兴岛泛滥成灾。我从北京带去的一箱子书，一直放在一个小窝棚里，大雨渗进窝棚，把我的书全部打湿了。雨过天晴，我把书一本本摊开，在太阳底下晾晒。杨海洋走了过来，看看那一本本被淋成落汤鸡一样的书，对我说：你这些书晾干了，也都得卷了皮。我说那怎么办？他说：我会做精装书，把你这些卷了皮坏了封面的书，重新变成新的书。我已经领教过他的能耐了，但对他这番话还是半信半疑。因为那时精装本的书，对于我是最高级的书，是价钱最贵的书，觉得没有专门的技术，一般人做不出来的。在我的那一箱子书里，只有两本泰戈尔文集，是我咬牙买的精装本。

他笑着对我说：不信？你可以先找一本试试，看我的精装书做得怎么样。我指着摊了一地的书说：看哪本好做，你自己挑一本吧！他蹲在地上，把书仔细地看了看，目光落在《罗亭》上，然后转过头问我：你还有这本书？这话问的，好像我根本不该有这本书似的。他看我不高兴，立刻又说：我没别的意思，我以前也买过这本书。说着，他拿起这本《罗亭》，说：就这本书了！

没过两天，他给我送书，我一看，真的是有些惊讶，灰色的布封面，让书立刻变得挺括，焕然一新，不那么一般，仿佛一个演员化妆后的登台亮相，让人眼睛一亮。特别是封面上书名“罗亭”两个美术大字，是凹下去的，不知道他是怎么弄出来的。他实在是巧手，总能够别出心裁。我问他是怎么弄成这个效果的，他笑着一摆手：这个我就别告诉你了，省得你学会了，我就没饭碗了！

事后好久，我曾经又问过他这样一个问题：那天，地上那么多书，你为什么单单选中了《罗亭》？他瞅瞅我，反问我：你说为什么？没等我回答，他接着说：咱们得对得起屠格涅夫不是？这话说的，那么多书的作者都是有名的作家，比如泰戈尔，就可以对不起了？不过，当时，我只当是他说的玩笑话，并没有当回事。

在这之后好长一段时间，我被调去七星管局宣传队写节目，和他没有见过面。那年秋天，等我灰溜溜又被发落回到二队的时候，杨海洋已经调到二十五队。二十五队，是我们二队开发的新建点，就在我们二队对面的一片荒原，隔着一条土路。我去看他，他非常高兴。他对我说：艺不压身，甭管什么时代，都需要有才华的人。我看你行，你别放弃！听了他的这番话，我颇有种惺惺相惜的感觉，有些感动。

他接着说：别老想着倒霉的事，你再倒霉，有我倒霉吗？非得说是我放火烧的账本，把我罚到兴凯湖。这话，他对我讲过多次了。我们已经非常熟悉了，能够交心了之后，他才对我这样讲的。

那天，他还说：你说我冤不冤？可对谁讲去？谁又听你讲？《水浒》里林冲冤屈不冤屈？谁听他讲了？林冲上了水泊梁山，我一个跟头，栽到了兴凯湖！

说这番话的时候，我们站在二十五队的荒原上，秋季里的荒草都已经变黄，无边无际的衰草，被风吹着，翻滚着灰黄色的浪涛一样，不紧不慢的，很有节奏，一直滚到了天边。我们谁也不知道，以后的命运会怎么样，却都还相信艺不压身这句老话，相信命运会像四季有个命定的轮回。

第二年的春天，我休探亲假回北京。从北京回到大兴岛的时候，我给杨海洋带回一盒茶叶，是一盒张一元的茉莉花茶，不过，当时张一元已经改名叫红旗茶叶店了。那时，他已经从二十五队又调到十队一个新的开荒点去了，在大兴岛，他已经是远近闻名的能人，很多地方都点名要他去。

他接过茶叶对我说：我也是刚从北京回来呀！我挺惊讶的，问他：你怎么没告诉我一声呀？他没有回答我这个问题，却说：我还到你家找过你呢！就是没进你家大院的门，远远地

北大荒 万里荒原　　PUXINGT 2017.12.

北大荒断简

秋季里的荒草都已经变黄，无边无际的衰草，被风吹着，翻滚着灰黄色的浪涛一样，不紧不慢的，很有节奏，一直滚到了天边。

瞧了那么一眼！我问：那干吗不进门呀？他笑着说：我一看，好家伙，那么深宅大院，没敢进去。

当时，我不信，觉得他根本没有回北京，只是和我打镲，开玩笑。因为他们这样从兴凯湖来到我们大兴岛的人，属于内控，是不许回北京的。但是，他真的回了北京，因为他表现出色而被特许。这是他发配到兴凯湖十多年来第一次回北京，不知道重见父母是一种什么样的心情。很久以后，他才告诉我，他真的是到了我家大院前面，他说：我老远就看见从大院门口走出来的你爸爸，我相信，我没有认错人，一定是你爸爸，他手里拿着一把长把的大扫帚。我就没再走过去，远远地看着你爸爸挥着那把大扫帚在扫大街。

那时，我爸爸确实被监督每天扫大街。我知道，他是不忍心让我爸爸看到他，一个从北大荒来的朋友看到那狼狈落魄的样子，回去该怎么对他的儿子说呢？同是天涯沦落人，落魄人的心情，只有落魄人最深晓。

1974年春天，我父亲突然病故，我从北大荒调回北京当老师之前，在我们大兴岛的农场场部见过杨海洋一次。那是我最后一次见到他。就是那次见面，他对我讲了上面的一段话。我很感动。

那天上午，春雪忽然飘零而至，落在地上，白莹莹的，细碎如同一层霜，很快就委屈地化了，黑乎乎湿了一地。走在场部的大道上，他忽然对我说起了那本《罗亭》，那本他亲手帮我重新制作成精装本、书名凹下去的《罗亭》。他问我能不能把这本书送给他。他说，他很想留它做个纪念。当时，我没有多想，以为分别之际，真的就是为了留个纪念。这是他重情重义的一种表示。遗憾的是，这本书，连同我所有的书都打在箱子里，运到福利屯火车站慢件托运了。他很有些沮丧地说了句：真的不得不相信命运了，两次想得到这本《罗亭》，都失之交臂。我很奇怪，问他什么两次，上一次是什么时候。他告诉我：上一次是十多年前，他在纺织厂，那时他有一本《罗亭》，借给朋友看，说是看完还给他，没想到他出事了，被发配到了兴凯湖。书自然也就没有了下落。

那时候，我不知道，他所说的这个朋友，其实就是他的前女友。女人的第六感觉是准的，他老婆的猜测没有错，他心里一直有个他真正爱着的人。初恋毕竟美好而让人难忘，尽管只是无花果。这个秘密，是杨海洋前些年去世后，他的儿子在电话里告诉我的。我听后很是震惊，立刻想起了《罗亭》里的女主人公娜塔莉亚，罗亭深爱的初恋情人，最后远离了罗亭。尽管杨海洋和罗亭是完全不同时代不同国度不同性格的人，但他们爱情的命运却是这样的相似。

杨海洋早已经从我们大兴岛调到七星管局的生产科。那时，他的放火焚烧账本的案子，已经得到了平反。他是大家公认的能人，调到上一级的生产领导岗位，更能发挥他的才华和作用。在农场转型期间最艰难的时刻，他用北大荒独有的大豆，研制生产出特殊风味儿的酱豆腐，一度商谈和北京王致和合作，希望借助王致和的老牌子打开北京和全国的市场。这是

尽管杨海洋和罗亭是完全不同时代不同国度不同性格的人，

但他们爱情的命运却是这样的相似。

他晚年最后一次的冲刺。可惜，命运没有再一次垂青在他的头顶，折腾好久，没有成功。一个人的一生，便也这样黯然落幕。

还是在那次电话里，他的儿子告诉我，最后一次和王致和谈判，他爸爸本想成功之后请我，再叫上原来二队的知青一起吃顿饭的。可是，当天晚上，他爸爸从黄牛手里买了张高价火车票，赶回北大荒了。我想，如果那天能够见到杨海洋，我会把那本《罗亭》带给他。

冬之母女二重奏

在北大荒，知青恋爱，曾经是一场大戏，经历过最开始激烈的反对、到最后热情的鼓励这样前后截然不同的反转。反对的理由，是将恋爱视为资产阶级思想的横行泛滥；鼓励则是希望以恋爱结婚的形式让知青扎根边疆。在我们大兴岛，前期反对知青恋爱，遍布各个生产队，都曾经大张旗鼓地搞过运动，号称“夺人夺魂”。也就是说，爱情大恶不赦，成为了连人带魂都被掠去的资产阶级思想的严重表现。

在这样的一段荒唐岁月，大部分知青的恋爱，要不就赶紧偃旗息鼓，要不就转入地下。有敢冒险者，则成为这场运动斗争的活靶子。人生最美好的初恋，很有一些就这样被活生生地扼杀在摇篮里。

同今天同样年龄段的年轻人恋爱相比，那时的人们涉世未深，正是荷尔蒙高发期，天天劳动在一起生活在一起，男女之间难免发生情愫。没有那么多的物质条件要求与诱惑，爱情天真美好的纯粹度，要远远高于今天。当然，也可以说，是情欲多于物欲，甚至也有性欲和情欲多于物欲的。但是，再如何美好纯真的爱情，在那样的年龄阶段，怎么可以完全像剥光了鱼鳞的鱼上锅清蒸一样，完全剔除情欲、甚至性欲呢？在那时，情欲是鱼散发的气味儿，而性欲则是鱼身上那根无法剔除的鱼骨。在知青的爱情初期，懵懂，无知，又有压抑不住的本能冲动，情与性之间的矛盾、甚至撕裂，是常常存在的。

在那个年代里，很多悲剧就是这样发生了。

我们大兴岛有这样一对恋人，1967届初中毕业生。恋爱没谈多久，极度升温，干柴烈火，陷入性欲勃发期，如同陷进沼泽地里，一任深陷，无法自拔。最可怕的事情出现了：女方怀孕。当天真又无知的他们发现这个他们根本没有想到、一直还心存幻想的现实，可怕地出现在自己眼前的时候，怀孕已经快有四个月，肚子开始显山露水。正是我们大兴岛“夺人夺魂”运动高潮之时，这要是被发现，不要说魂儿没了，恐怕连命都要被夺去呀。这让一对小年轻，极其恐惧。没有别的办法，只有把肚子里的孩子打掉。当然，不能在我们大兴岛的医院做这个引产手术，他们商量好了，一起回北京，向家人和盘托出，找人做掉这个来得太不是时候的孩子。

他们从生产队来到场部，清早，等候长途汽车到福利屯火车站，然后回北京。那一天，偏巧刮起了大烟泡儿，漫天朔风呼啸，遍地白雪皑皑。大烟泡儿太猛，长途汽车取消了，要等着雪小后再发车。他们心急如焚，归心似箭，哪里待得住，每多待一分钟，对于他们都是煎熬。春节没有几天就到了，如果

北大荒之恋　　FUXING 2017.12.21

北大荒断简

在知青的爱情初期，懵懂，无知，又有压抑不住的本能冲动，情与性之间的矛盾、甚至撕裂，是常常存在的。在那个年代里，很多悲剧就是这样发生了。

回去晚了，医院该休息了，做手术不能耽搁呀。

男的在场部到处找人，看有没有车去福利屯或去富锦县城的，好搭个便车走。一直快到晚上了，好容易找到一辆去富锦县城拉煤的解放牌大卡车。卡车，他们也要搭车走，到富锦县城住一宿，第二天到福利屯坐火车回北京。不管怎么说，富锦县城离福利屯火车站很近，离北京就不远了，心里就踏实了。当时，他们就是这样想的，就想赶紧离开大兴岛。

北大荒的冬天，天黑得早，才五点刚过，天说黑立刻就抹下脸黑了下来。雪也小了很多。他们在农场大路口木材厂的前面等车，说好了，车在这里接他们。明晃晃的车灯，闪动着纷纷的雪花，寒冷而凄清地照亮他们的脸庞，直晃眼睛，车终于来了。他们像虎口脱险一样松了一口气。男的扶着女的艰难地爬到敞篷的后车箱里，刚刚倚靠在车帮前坐好，特意把从同学那里借来的一件棉大衣盖在女的身上，然后拍拍驾驶室的车顶，叫了声：师傅，开车吧！这时候，后面又亮起了两盏明晃晃的车灯。是一辆开得飞快的吉普车，卡车司机以为是要会车，把刚启动的车往旁边挪了挪。谁想到，吉普车在卡车的前面戛然停住了。从车上跳下来两个人，他们一眼就看清了，其中一个是他们队的头头。

两人被带回队里。如果仅仅是带回去批判他们一番，然后再放行，也是可以理解的，毕竟处在那种政治形势下，谁也难以左右，头头也只是履行其责。但是，可怕就在于那时政治的残酷，让人心和人性随之一起恶化，如同陷进沼泽地里，在越陷越深的过程中，沾惹一身的泥水越来越多，自己不以为污浊，而以为在洗热水澡一样快意。

两个人被批判之后，不允许回北京，一直要女方把孩子生下来（也有一说，是持续批判之后，已经无法引产，孩子必须生下来不可了）。在我们大兴岛，这无疑是对知青恋爱最严厉最残酷也是最恶毒的惩罚。它让孩子生下来的既定事实，如同刻在脸上的红字一样，彻底羞辱这一对恋爱中的年轻人，并杀鸡给猴看，警戒所有的知青男女。恋爱，可以成为一种最危险的游戏。

我是事情发生之后才听说居然是这样的惩罚。说心里话，除了蓦然袭上心头的恐惧之外，还有就是微不足道的同情和悲愤。当时，我甚至天真地想，如果那天没有刮起大烟泡儿就好了，或者根本不是冬天，是春天或秋天，就好了。一清早，他们就可以坐上长途汽车，到福利屯火车站，就可以回北京，躲过这样一场灾难。

很久以后，我们的生活中出现了一个“换位思考”的新词。我想，如果当初我是队上的头头，我会怎样做？我会善心大发，放这对年轻人一马吗？恐怕我也是难以做到。那个年代里，能够爬到队长这个位置上的人，大多数已经被政治化，尤其是知青，更会把这样一个官当回事，更会左得厉害，上面的命令是绝对的，自己的良知，他人的荣辱，不是违心地不管不顾，就是早都已经碾压成尘，不足一顾了。但是，非得让孩子生下来，这样的决定，我是连想都想不出来的，更别说做出来。因为，完全可以不这样做，也可以让这件事情有个结局，或者说可以对上面交差。为什么非要把事情做绝？非要让一对恋爱中的年轻人，在等待孩子落生这样漫长的时间里，在众目睽睽之下，一天又一天地饱受冷眼和羞辱？不能不说，这实在是人性最丑恶的一面使然。在什么样的年代，人性都可以盛开为泥淖里的一朵难得的莲花，也都有怒放为恶之花的可能。

在大兴岛的时候，也就是这个可怜的孩子落生两三年之后，风云变化了，上面开始鼓励知青恋爱，并把知青恋爱和结婚与扎根边疆联系在一起。知青恋爱，一下子从泥淖里跃出，抖搂下浑浊的泥水，变得光彩夺目，而无须再被“夺人夺魂”。在我们二队和场部，开始纷纷盖起了新房，让知青住进去之前，还有领导出席的热闹婚礼。在场部，那一排排新的红砖房，布局成阵，住进了一批新婚的北京知青，号称为“北京村”，很多年，都是我们大兴岛的一景。

那时候，我想起了这一对北京知青。他们真的是生不逢时，如果他们的恋爱赶上了这样的时候，会是怎么样的一种结局？我也想起了当初整他们的队上的头头，他们还会非得逼迫孩子生下来不可吗？即使是生下了孩子，又能怎么样呢？没准儿会说成是爱情的结晶呢！在婚礼上热烈祝贺带头干杯的证婚人，没准儿就是这些头头呢！在翻手为云覆手为雨的年代里，这样翻着跟头在知青面前表演的人还少吗？

想到这一切之后，我开始打听这一对年轻人的命运。我希

在什么样的年代，
人性都可以盛开为泥淖里的一朵难得的莲花，
也都有怒放为恶之花的可能。

望在新的形势之下，他们能够有一个好的结局，起码可以弥补一下当初带给他们的羞辱。但是，听到的消息，让我的心里很难受。他们已经调回北京了，没有成为我想象中转危为安的一对。没有人清楚他们最后劳燕分飞的原因，就是知道了，又有什么用呢？没有经历过这样的一场动荡和劫难，他人内心受到的折磨与痛苦，我们是无法体会的。即便能够花好月圆，曾经的屈辱，可以被填平吗？更何况还有那个比他们更无辜更可怜的孩子！那个孩子，会像历史的物证一样，时时证明着那段可怕的岁月。天天面对着孩子，天天面对着过去；孩子一天天长大，痛苦一天天增加。

我想起了那个孩子。竟然没有人知道那个孩子的下落。

我实在是太天真了，或者说我对人性之恶的认知，实在是太缺乏想象力了。人性之善，可以如春水荡起的涟漪，一圈圈扩散，绵延无边，温暖并滋润岸边的青草和树木；人性之恶，则如荒火蔓延，能够烧毁一切，烧毁庄稼、树林、村庄，乃至人。

那个孩子，是在我们大兴岛的医院生下来的，生下来之后，就已经立刻转手送给他人，连让母亲看一眼都没有，连在大兴岛待一夜都没有。对这一对年轻恋人的批判，也就到此结束。他们以这样最屈辱的代价出卖了自己的初恋，让无辜的孩子以一辈子的代价替他们偿还。

我曾经打听过那个孩子的下落。但是，无人知晓。接生的大夫还在，也是一无所知。

传言很多，版本各异。多数说孩子被送到别处农场的一家没有孩子的人家了，当然，能够决定这样做的人，不是我们大兴岛一般的人，而是有头有脸的。至于这个人到底是谁，送给的到底是哪个农场的哪家人，谁也说不清了。这一对年轻人更是无从知晓。历史制造的很多假账坏账糊涂账，都是以当事的底层人的牺牲为代价的。

算一算，将近五十年过去了。我们大兴岛的知青聚会一次接着一次，热情频繁高涨，我从来没有见这一对年轻人参加过。会有不少知青好了伤疤忘了疼，将过去的岁月幻化成一场游戏一场梦，即使是苦楚也结晶化为了琥珀，成为垂挂在自己脖下的胸饰。而他们应该是不敢再去面对或者触动那曾经屈辱的过去的。仅仅是自己的屈辱还好说，这中间还夹带着一个孩子呀。我想：如果我是他们中的任何一人，有人问起那个孩子的话，我该如何回答？我干吗要去聚会，去看那些功成名就的人或者能够在过去的回忆中找到快乐的人的嘴脸？去自取其辱吗？还是去找一些廉价的同情和安慰呢？

五十年了，对于有的人，岁月不会像一块海绵，可以把往事如水一样统统吸干；而只能像一把漏勺，漏下了很多欢乐和幸福瞬间的汤汤水水，只剩下了曾经痛苦屈辱的渣滓，那上面存有过去留下的芒刺，永远扎得你心痛。我再也没有见过他们两人中的一个，但我相信，他们都会是这样的人。因为永远扎在他们心头的那根刺，是他们再也没有见到的孩子。

前不久，大兴岛的一位知青朋友告诉我这样一个令我没有想到的消息：这个孩子来到了北京。我才第一次知道，是个女孩子，当然，现在已经是一个将近五十岁的女人了。就像歌里唱的：昔日重现。逝去的时光，立刻复活，永远不会死去，只留下阴魂不散，而且是真真切切、结结实实、带血带泪地出现在你的面前，令你猝不及防，令你无言以对，令你羞愧难当。

回忆中的一切，有时候是不那么真实的，因为缺乏旁证和对质，一己的回忆，往往会因有意无意的遗忘或遮掩或修饰而片面失真。但是，当一个大活人出现在你的面前，回忆中的一切，便有了旁证和对质，锋利的刀刃一样，凛凛闪动在面前，尖刻而锐利。那根一直扎在心头的刺，必须要拔出，自然会流血。流出的血，再不是过去的，而是现在的，淋漓殷红，触目惊心。

一个生下来就被送人的女孩，长到快五十岁的时候，才想起找她的生身父母，不是她不想早点儿来找，而是到现在，在她的养父养母先后去世前，才告诉她生身父母的真实姓名和知青身份。在遥远的北京，竟然有两个自己从未见过面的亲人，像影子一样模糊，像梦一样缥缈，这对于她是意外的惊喜，还是沉重的打击？如今，已经难以知晓。

这个女人四方打听，没有让自己的孩子陪伴，只身来到了北京。血缘的亲情，让五十年的岁月缩短为眼前的瞬间，也将过去的一切恩怨了断，她从一个襁褓里的婴儿变成了一个饱经沧桑的女人，站在自己的双亲面前。这个女人，是经历了怎样的一番犹豫和挣扎，又是带着怎样的一种心情和希望，从北大

逝去的时光，立刻复活，
永远不会死去，只留下阴魂不散。

荒来到北京千里寻亲的呀！

我不明白，她为什么没有先找自己的父亲，而是找自己的母亲。或许都说女儿是母亲贴心的小棉袄，和母亲最是骨肉相亲相连吧？她没有贸然登门认母，而是先找到当年和母亲一起到大兴岛的一位知青朋友。这一切，是她出发前就已经做好的功课。将近五十年了，不是一个短时间，五十年的世事变化很大，她不想因为自己的迫切心情和过于直接的愿望，打破母亲生活的平静，给母亲带来不必要的麻烦。从这一点来看，她是一个心思缜密的孩子，是一个懂事的孩子。我先入为主地对她产生好感，期待着花好月圆。

但是，这位母亲没有认自己的女儿，甚至连一眼都没有看。

这样的决定，不会是那么轻而易举。一个活生生的女儿，走过了将近五十年漫长的路，大老远的从北大荒跑到北京来认你这个母亲来了；而这个女儿是当年你忍受那样大的压力、那样大的屈辱生下来的，又是那样被迫而无奈地送给你根本不认识的人家的。作为一个母亲，将近五十年了，她不会不想自己的女儿，那是她身上掉下的肉呀！她该会有怎样的痛苦，怎样的决绝，才会做出这样椎心的决定。

这出乎我的想象。说心里话，开始，我有些责备她的这个决定太无情，太极端，太自私。起码见一下总是可以的。但是，我又想，如果我是她，当一个曾经被你抛弃的女儿，鼓足了勇气要来见你认你，你会怎样去做？你会不会和她一样思前想后，想自己的家庭，想周围的影响，想社会的舆论，想以后和女儿相处的日子……由此也自然而然会像她一样地无情、极端、自私，做出违背良心的决定呢？真的，我不敢保证我一定会比她做得更坚强，更好一些。我没有权力、没有资格责备她。

她的女儿，比我还要理解她的母亲。仿佛她事先早已经预料到这样的结果。她没有说什么，本来，想留下一张照片，是自己和孩子还有孩子的孩子三代人的合影，托那位知青朋友转给母亲的。转念一想，没有留下。第二天，她就回北大荒了。孤零零地来，又孤零零地走了。是冬天，快要过春节了。她要赶回北大荒和孩子一起过年。

这时候的北大荒，大烟泡儿刮起，风雪弥漫中的火车站，有自己的孩子会接她回家。而此刻的北京，没有一点儿雪意。一冬干旱，只有等待着冷风迅猛地到来，才能够吹走浓重的雾霾。

借书奇遇记

1971年的冬天。那天，大烟泡儿铺天盖地地刮了一整天。我在二队的猪号里干完活儿，刚吃完晚饭不久，饲养棚的门被推开了，是我的一个在场部兽医站工作的同学。看着他一身雪花像个雪人一样突然出现在我的面前，心里很是惊讶。从他那里到我这里，要走整整十六里的风雪之路呀。我以为出了什么事情。

他不容分说，让我赶紧穿好衣服，匆忙地拉着我就往外走。外边的雪下得正猛，我们两人冲进风雪中，白茫茫的一片，立刻吞没了我们。

一路上，我才知道，他们兽医站有一个叫作曹大肚子的人，是钉马掌的，不知怎么听说二队出了我这么一号人，挨整后发配到了猪号。同学告诉他我们是同学，而且，还告诉他我特别喜欢看书，把从北京带去的一箱子的书都翻烂了……只那么随便地一聊。就在那天傍晚要下班的时候，曹大肚子对我的这个同学讲：你让你的那个同学肖复兴来找我！他不是爱看书吗?

你听听，他这口气，不小呢。我这不立马就跑来找你，不管他是真有书还是假有书，明天一清早，他来上班看见你在兽医站等着他呢，先表明咱们心诚。

同学想得真周到。那时，队上只有队部里一部电话，根本不会为我跑到猪号那么老远去传电话，他只好跑那么远，顶着风雪来回三十二里地奔波。我心里翻起一阵热浪头。

虽然对这个曹大肚子心存疑惑，但也幻想着他备不住会藏龙卧虎，别错过了机缘而遗憾。书，仅仅是为了书，而不是如今时髦的美景或美女什么的，竟然也能够有如此的诱惑，冬天里的一把火一样，立刻燃烧起腾腾的火焰，从心里一直蹿到天灵盖，让我们有一种远道赴约而绝对不能迟到的蓦然而起的冲动。

我们两人急匆匆往兽医站赶，在零下几十度的寒夜里，竟然走出了一身的汗。那时候，为了多看几本自己想看的书，可以如此顶风冒雪地跑上那么远的路，现在想想，真是奇迹，无论是现在还是以后，还能够出现这样的奇迹吗?

第二天一清早，曹大肚子出现在我们的面前，我的同学向他介绍我的时候，我看出他有几分惊讶。大概是没有想到风雪之中我们是如此神速。

第一印象，是很深刻的。他中等个儿，很胖，穿着一身旧军装，挺着小山凸起的大肚子，双手背在身后，眼睛望着上面，似乎根本没有看我，有几分傲慢地问我：你都想看什么书呀？写个书单子给我吧！

我当时心想，莫非这家伙真是有藏书，还是驴死不倒架摆这个派头？因为昨天夜里和同学在一铺炕上睡觉时，我已经向同学打听清楚了，他以前是我们农场办公室的主任，当过志愿军，1958年十万转业官兵到北大荒的时候，从辽宁的沈阳军区来到了北大荒，1965年开发大兴岛时，又从七星调到这里。“文化大革命”中倒了霉，被打成走资派批斗之后，发配到兽医站钉马掌。

听他说话的那口气，似乎不容置疑，半信半疑之中，我写下三本书的书名。到现在我依然清晰地记得：一本是亚里士多德的《诗学》，一本是伊萨科夫斯基的《论诗的秘密》，一本是艾青的《诗论》。说老实话，我心里是想为难他一下，别那么牛，这三本书就是在北京当时也不好找，别说在这荒凉的北大荒了。我是不相信，这样三位老人，能存活在一片风雪荒原之上的。

谁想到，当天下午，他来兽医站上班，把用报纸包着的三本书递在我的手中，打开一看，一本不差，还真的是这三本书。我对他不敢小看了，不知水到底有多深。

在北大荒最后的两年多时间，曹大肚子那里成了我的图书馆。但是，每一次借书，他都要我写个书单子，他回家去找，这成了一个铁打不动的规矩。一般他都能够找到，如果找不到，他就替我找几本相似的书。他从不邀请我到他家直接借书。我也理解，既然藏着这么多的书，他肯定不想让人知道，要知道那时候这些书都是属于封资修，谁想惹火烧身呀？况且，他正在倒霉，一顶走资派的帽子拿在群众的手里，什么时候想给他扣上就能够扣上。如果加上他借这样的书给我，一条腐蚀知识青年的罪状，就够他喝上一壶的了。我便和他一直保持着这样的借书关系，每一次都跟地下工作者在秘密交换情报似的。破报纸里包着只有我们知道的秘密。

曹大肚子的书，帮助我抵挡了身边的孤独，内心的苦闷，还有日复一日的无聊与漫长。在我二十四岁到二十七岁之间那三年的时间里，那些书帮助我迈过了人生关键的门槛，让我觉得即使是孤独和苦闷也是美好的，即便一身衣衫褴褛，心里也感到是富有的，足以抵挡眼前的一切风雪弥漫，好像总觉得有什么美好的事情，有谁远处的呼唤，会在寒村荒原上发生、回响。

记得第二年的开春，我在二队播种，站在播种机的后面，看着大豆的种子一粒粒地撒进地里，远处朦朦胧胧闪动着绿茵茵的影子，就在那一刻忽然感觉，地头上走来一个女知青，像是我童年时结识的女友，她一步一步地姗姗地远远向我走来，我竟然不管不顾，立刻从播种机上跳了下来，向地头跑了过去。跑到地头，见到的却是一个陌生的女人。但那片刻涌动在心头春潮一般的幻觉，是那样地让我难忘，尽管也是那样地可笑。那一切包括可笑在内的美好幻觉，和如同泡影一样瞬间破碎的想象，我知道，那都是从那时读过的书中得来的。那些书，都来自曹大肚子。是他的那些书给予了我这些幻觉和想

北大荒断简

在我二十四岁到二十七岁之间那三年的时间里，
那些书帮助我迈过了人生关键的门槛，
让我觉得即使是孤独和苦闷也是美好的。

春到荒原
FUXING 2017.12.

象，让我可笑，却不再可怜，而有了旁人所没有的自我感动，甚至是激动人心的瞬间。

我曾经把这一时错觉和可笑的举动，对曹大肚子讲过。我等待着他的赞赏，或嘲笑。但是，他静静地听我讲完，没有说什么，只是轻轻地拍了拍我的肩膀。过了几天，见到我，他对我说：我没看错你，你一定会写出东西来的。

我一直把曹大肚子当成我的知音，尽管，那时我还没有发表一篇东西，但是，我已经悄悄地在写，而且，一口气写了十篇散文。我曾经拿出其中几篇给他看过，他看后没对文章有什么臧否，只是问我：你看过林青的散文吗？我知道林青是北大荒的一位作家，和曹大肚子一样，都是1958年复员转业到北大荒来的那批军官。便告诉他，我初三的时候，买过一本林青的散文集《冰凌花》，是上海少儿社出的。听我说完，他又问我：林青还有一本散文集，你看过吗？看我迟疑的目光，他接着说：是《大豆摇铃的时节》，我应该有，回去给你找找。我看你写的散文，和他有点儿像。他说话不动声色，从来都是这样，但我能够感到他冷面中一份压抑或隐藏的感情。

在荒凉的北大荒，居然还有这样一个人，私藏有这样多的书，不仅借我，还主动推荐我看，好像他家里是一个无底洞，藏着我永远看也看不完的书。这简直是一个不可想象的奇迹。对于曹大肚子，我有时觉得他是个怪人。我很想接近他，但他和我总是若即若离，像一朵缥缈的云彩，你总是摸不着它。说老实话，我想接近他，是因为心里总是充满好奇：这家伙到底藏着多少书？他越是不让我到他家去自己挑书，我便越是蠢蠢欲动，总想到他家里去看个究竟。

不过，这样的念头就像是皮球一次次被我压进水里，又一次次地浮出水面。心有不甘，又不忍心打搅他，生怕有什么闪失，或者惹他生气，断送了我好不容易从天而降的借书的道儿。

只是，这个念头，像冻僵而未死的蛇一样，会在突然之间苏醒过来，吐着蛇信子，咬噬我的心，无比的难受。

1973年的深秋季节，我下决心不请自来到他家里去一探虚实。时间之所以记得这样清楚，是因为我到现在也忘不了那个晚上。我刚刚推开他家的篱笆门，一条大黄狗就汪汪叫着扑了上来，吓得我连连后退，那大黄狗还是一步就蹿了上来，一口咬在我的右腿上，把我扑倒在地。曹大肚子两口子闻声跑了出来，一看是我，把狗唤住牵过去后忙问：咬着没有？幸亏是深秋时候天冷了，我穿着厚厚的秋裤，才没咬伤我的肉。所以，那个惊魂未定的秋天，无形中加深了我对曹大肚子的印象。

外面的裤子和里面的秋裤都被咬了个大口子。这条大黄狗够狠的。曹大肚子不好再把我拒之门外了，只好无可奈何地把我迎进门。门旁站着一个胖乎乎的小姑娘，好奇地望着我，无疑是曹大肚子的老闺女了。

一进屋，我就四下打量，一间屋子半间炕，几把破椅子，一个长条柜，那些书都藏在哪里呢？莫非就像是安徒生的童话，伸手即来，撒手即去吗？曹大肚子的老婆让我脱下裤子，指着灶台边的另一间屋说：我那儿有缝纫机，我帮你把裤子上的大口子缝上。

曹大肚子把我请上热炕，给我倒了一杯热水，他那个老闺女一直在一旁好奇地望着我。我的心还在他的那些藏书上面呢，根本没有怎么注意他们这一家三口。我开始怀疑炕对面贴墙的那一面大长条柜：会不会把书藏在那里面了？就像阿里巴巴的那个宝洞，只要我喊一声“芝麻开门”，就能够向我敞开里面的秘密？

曹大肚子知道我到他家来的目的，只是不请自来，让他没有料到。他还是像平常那样不动声色，递给我一张纸和一支笔，依然是老规矩，让我先写书名，然后拿起我写的书单子，没有任何表情地说了一句：我帮你找找看。看来我被他家狗咬的惊险场面，根本没有感动他。

记忆真是非常地奇特，很多事情都忘记了，但那天晚上写的书名，过去了将近五十年，记得还是非常清楚。我写的是陈登科的《风雷》、王汶石的《风雪之夜》、费定的《城与年》、卡维林的《一本打开的书》几个书名。他让我等等，自己一个人走出了屋。他的老闺女也跟着他出了屋。屋里只剩下我一个人，一下安静了许多，幽暗的灯光下，对面的长条柜泛着乌光，像头睡着的老牛。他老婆替我轧缝纫机补裤子的声音，阵阵传来，一切显得有几分神秘，总觉得好像有什么事情要发生似的。

我犹豫了一下，穿着一条秋裤，还是悄悄地跟着他走出了屋。他老婆踩着缝纫机的声音很响，像是我怦怦的心跳。只见他提着一盏马灯，走出屋子，往旁边一拐，进了他家屋旁的一间小偏厦，那是一般家里放杂物和蔬菜的仓库。门很矮，他凸起的大肚子很碍事，弯腰走进去有些艰难。看他走进去了半天，我在犹豫是不是也跟着进去。

为什么要把他的秘密打破呢？干吗不让它就像童话一样保留在他的心中，也保留在我的心中呢？况且，那条大黄狗正吐着舌头，蹲在偏厦门口不远的地方，凶狠狠地望着我，真怕我一走过去它就向我扑过来。

秋风瑟瑟，掠过树梢，吹得树叶子沙沙直响，吹得我身上有些发抖。但那时候我还年轻，到底忍不住好奇心的诱惑，豁出去了，还是走了过去，一边走一边胆战心惊地望着那条狗，还好，它没叫唤，也没扑过来。

走进偏厦一看，好家伙，满满一地都是用木板子钉的箱子，足足十几个，里面装的都是书。它们趴在有些潮湿阴冷的地上，像一个个怪兽，冷眼嗖嗖地看着我。那一刻，我真的有些震惊，想不到一个老北大荒人，在那样偏僻的地方，居然能够有那么多的书。那么多的书，他是怎么从沈阳那么老远那么费劲巴哈地搬过来，又藏下来的呢？我心里暗想，这得花多少工夫、精力和财力，才能够做到啊。

曹大肚子正俯着身子，聚精会神地替我找书。我站在他的身后好久，他居然都没有发现。门敞开着，风吹进来，吹得马

那一刻，我真的有些震惊，

想不到一个老北大荒人，在那样偏僻的地方，

居然能够有那么多的书。

灯的灯芯弓着，和他胖胖弯腰的影子一起映在墙壁上，很像是一幅浓重的油画。那条大黄狗已经悄悄地走到了偏厦门口，翘起尾巴蹲在那里，我们都没有发现。

这时候，他回过头来，看见了我，先是惊讶得眉毛一跳，然后是嘿嘿地一笑，我也跟着他嘿嘿地一笑，我们的笑都有些尴尬。那一刻，我到现在还清晰地记得，他的手正从箱子里拿出一本陈登科的《风雷》的上册。

从此，他家对我门户开放。在以后的日子里，我曾经写过一本小说，书名叫作《北大荒奇遇》，有人曾经问过我：北大荒真的发生过什么奇遇吗？现在想想，如果说，我在北大荒真有什么奇遇的话，到曹大肚子家去探宝，该算是一桩吧？

可惜这样的好日子不长，第二年的春天，我就离开了北大荒。离开大兴岛前，曹大肚子请我到他家吃了一顿晚饭。非常奇怪的是，他老婆炒的别的菜，我都记不得了，唯独曹大肚子端出的一盘糖拌西红柿，我总也忘不了。那个年代，还有保存到春天的西红柿，也真算得上是奇迹了。盘腿坐在他家炕上吃饭的时候，太阳还没有完全落山，夕阳辉映在他家窗户上的那猩红的影子，总好像就在眼前闪动一样。现在，只要一想起那天他请我吃的饭，我想起的就是那盘西红柿，还有窗户上夕阳那猩红色的影子。

我一直这样认为，在动荡的知青岁月里，唯有这样三者给了我们以默默的帮助和一点一滴的救赎：一是我们自己的爱情，一是当地质朴的百姓，一就是那些难忘的书籍。爱情是我

我一直这样认为，在动荡的知青岁月里，

唯有这样三者给了我们以默默的帮助和一点一滴的救赎：

一是我们自己的爱情，一是当地质朴的百姓，

一就是那些难忘的书籍。

们的一针补剂；百姓是我们的一碗垫底的酒（就像当时革命样板戏《红灯记》里李玉和唱的那样：有这碗酒垫底，什么都能够对付）；书籍就是一帖伤湿止疼膏。我非常感谢曹大肚子和他的那些书，在那些充满寂寞也充满书荒的日子里，他家的那些书奇迹般地出现，从那些发黄发潮的纸页间，从那些密密麻麻的白纸黑字里，跳出了无数神奇的神灵，不仅滋养了我贫瘠的感情和精神，帮助我拿起笔学习写作，还让我感受到荒凉的北大荒神奇的一面，让我对这片土地不敢小视不敢怠慢不敢轻薄，让那些逝去了的日子有了丰富而温暖的回声，什么时候只要在心里轻轻地呼唤一下，就能够响起遥远的共鸣。

我离开北大荒之前，把曹大肚子这个关系户介绍给了我的另外一个爱看书的同学。曹大肚子这个人也成为我们大兴岛的一个奇人，而镌刻在大兴岛五十余年的开发史中。

1982年，我回大兴岛的时候，曹大肚子已经落实了政策，官复原职，还当他的农场办公室主任。他在场部招待所请我吃了一顿饭。其实，我更想到他家去吃家常便饭，见见他的老婆和老闺女。那天在饭桌前，总有几只苍蝇飞来飞去，他拼命地赶也赶不走，很有些扫他的面子。他生气地把服务员叫来，让她们赶苍蝇，自己不再管了，只是不住地让我吃菜喝酒。然后，他挺着大肚子，先对我说：你写的有些东西，我看过了，写得不错。接着问我：最近都在写什么东西？最后，又嘱咐我说：应该好好写写咱们北大荒。那口气，那样子，重新找回了当年的感觉，颇有些“玄都观里桃千树，尽是刘郎去后栽”的劲头儿。虽然，这一直是他的做派，也是对我的关心，却让我不怎么舒服，总觉得还是他在兽医站钉马掌的时候，在他家小偏厦昏暗的马灯下从木箱子里翻书找书的样子，更让我感到亲切。

将近五十年过去了。往昔，只能是一枚书签，夹在书中了，无法再活一遍。我没有想到，后来和曹大肚子的老闺女有过一次邂逅。那是我再次来到大兴岛的那年夏天。那天，太阳出奇地灿烂，大地非常地明亮，由于没有一点儿遮拦，阳光像水一样在田野里尽情地流淌，灌满了所有的沟沟坎坎，让那些发暗的地方都发起光来。阳光还在所有的豆叶和玉米叶子上闪烁，把所有农作物的叶子映照得像是镀了一层金一样一片金黄。这才是北大荒的阳光，永远不会如城里那样灰蒙蒙，像是没有洗干净的脸似的。

就是在这样一个阳光灿烂的下午，在二十二队的大道上，我见到了曹大肚子的老闺女，尽管，我已经认不出她来了，但当她对我刚说出一个“曹”字，我立刻脱口而出：你是曹大肚子的老闺女！这话说得有些不礼貌，但完全是下意识地流淌而出。她没有怪罪我，相反冲我满意地笑了笑。

我早已经知道曹大肚子好多年前就去世了，但还是忍不住向她打听她爸爸当时的情景，只是她也说得不大清楚，当时她没在家。曹大肚子血压高的病，要了他的命。他重新回到农场办公室主任的位置上，没有多久，就到了退休的年龄，他的大好年华，和他的一肚子学问，都荒废在那个年月里了。

我又问起她爸爸的那些藏书现在怎么样了，都还保存着吗。我望着她的眼睛，等待着回答，但是，她没有回答我，眼睛躲闪着我，把头扭到一旁。

她的身后，是二十二队的大道，道边上的野花，星星点点开得正旺，色彩斑斓的小精灵一样，在阳光下熠熠闪光。远处是一片绿油油的田野。再远处，是天边的地平线，我什么也看不见了。

那一刻，我想起了曹大肚子和他的那些书，忽然，眼睛湿了，眼前一片模糊。

底窑守林人

在我们大兴岛，底窑是一个神秘的存在。它是从什么年代就有的，我不清楚。但它肯定是在农场建立之前就早早存在于那里了。那里有一个很小的自然村，人家不多，但住在那里的人是真正的大兴岛人，而农场里的人都是外来户，无论我们知青，还是山东支边青年和转业官兵，都是1965年之后陆陆续续从别处来到这里的。底窑的村民，要比我们这些人早早落户在这里，他们一般不靠种地为生。那里住着守林人和贩卖山货的亦农亦商的村民，还有一些靠捕鱼、养蜂或烧砖为生的人，因为那里临近七星河，河里鱼多，河边野花多，淤积的沙子也多，为他们的生存提供了得天独厚的东西。它的地名叫底窑，也是和这里有多年烧窑的历史有关。

底窑最有名的是它靠南的那片林子。它确实很美，以至于我现在想起来，都会觉得除了七星河，它是大兴岛最美的一块地方了。对比雄性的山而言，水和林子富有女性的美，最容易让我们这样离开家那么遥远的男人们喜爱了。它离二队三队都非

北大荒的老林子 ZHUXING 2017.12.

底窑最有名的是它靠南的那片林子。

它确实很美，以至于我现在想起来，都会觉得除了七星河，

它是大兴岛最美的一块地方了。

常近，站在二队三队的后面，往北看，能够很清楚地望见那片林子，春天能够看到它回黄转绿时朦胧的绿意氤氲上升，甚至能够看到它们的枝叶在隐隐地飘动，聋哑人挥动手臂的哑语似的，向你诉说着什么。从我们二队后面走，穿过一片草甸子，走不了半小时，就可以到达那片林子了。工休的时候，我们常常到那里去玩，在大兴岛也没有别的什么地方可以玩，在心里，我们是有意无意把它当成大兴岛的野生公园的。

应该说，那片林子和完达山的林子是没法比的，但对于我们大兴岛来说，它已经足够大了。如果说，大兴岛沿着七星河周围有一片湿地保护，像是一片匍匐的士兵，那么，那片林子则是手持长矛长戟的高大挺立的将士，是大兴岛巍巍乎的守护神。如果说，那些时候我们对湿地还没有什么认识的话，我们对林子却充满感情。我几乎认识了那里所有的树，那里的老农和那片林子，是我最好的植物课老师。

在底窑那片茂密的老林子深处，有一间木刻楞。那是北大荒老林子里常常可以见到的用木头做的房子。桦树皮、松树皮、杨树皮，让那样的房子和周围的林子分外谐调，尤其是下雪的日子，白雪覆盖下的小木屋，格外有点儿童话的色彩。

无论什么时候，只要我们想抄近路穿过底窑过七星河，必要经过这间木刻楞，我们常进里面打尖歇脚。屋里住着守林人，一个满身脏兮兮的老头儿。他不爱说话，每一次去小木屋，看见他总是一个板正的姿势，坐在靠窗前的木桌子前，那张桌子和他的衣服一样脏兮兮，虽然没有漆过，却已经油腻得看不出一点儿

在底窑那片茂密的老林子深处，有一间木刻楞。那是北大荒老林子里常常可以见到的用木头做的房子。

木纹的模样了。

第一次走进那片林子，是我到北大荒第一年的冬天，去七星河边修路修桥，穿过这片原始老林时，走了一半的路，正有些累了的时候，见到了这间木刻楞。走进去，里面很黑，借着从窗户透进的一点儿亮，我看见了老头儿就坐在靠窗的那张木桌前，桌子上放着一瓶北大荒地道的老地瓜酒和几个冻苹果、冻酸梨。桌边还趴着一只猫，那猫大概和他一样地老了，毛都奓着，一对蓝眼睛却炯炯有神，死死地盯着闯进来的一群陌生人。老头儿一言不发，和猫一样望着我们。汽油桶做成的火炉里炉火正旺，松木桦子烧得噼噼啪啪直响。似乎老头儿和他的老猫随时都能够扑上来，咬上你一口。

这一印象很有些吓人。以致过后很长一段时间，老头儿和他那只老猫都让我有些害怕。

如今，五十年过去了，想起底窑，想起底窑那片林子，我就不能不首先想起他。在我的印象里，他饱经人生沧桑，洞悉世事曲直，我一直把他奉为那片林子里神秘的格格巫。我一直这样以为：如果底窑是一个人的化身的话，那么，这个人就是那个老头儿；如果那个老头儿真的是一个老巫的话，那么，那片林子就是他的化身。

接触久了之后，老头儿很和善，每一次路过那里打尖歇息，老头儿总是让我们随意喝他的热水，吃他的冻苹果、冻酸梨和冻柿子，如果你想喝酒，他随便让你倒光他的酒瓶子。

但他很少和我们讲话，他只是听我们说，听得高兴了，他会把老猫抱在怀里，用油垢的黑指甲给老猫挠着痒痒。老猫似乎也明白他的意思，不须他什么暗示或眼神，立刻就蹿到他的怀里，非常舒服地享受着。

谁也不知道老头儿有多大年纪，问村里的老人，也都不清楚，只知道上个世纪50年代有了村子就有这个老头儿看守这片林子。他从不回答我们的任何问话，无论对于我们谦卑的讨教，还是不耐烦的数落和不客气的呵斥，他都是三缄其口，不予回答。越是这样，他对我越是充满着神秘，我总觉得别看他足不出户，从来没有离开过这片林子，对于这个越来越杂乱的世界，他其实是什么都知道的，只是他不愿意说而已。

对于那只老猫的传说，一直传得很邪乎。有说自打老头儿出现在这片林子里，那只猫就跟在他的身边，它原来是一只野猫，这么多年跟着老头儿，被老头儿的长指甲挠得舒舒服服的，驯化得比家猫都懂事。我是不大相信的，因为猫没有那么长的寿命。

传得最有鼻子有眼的是，老头儿一辈子没有结婚，那只老猫就是他的老婆，老头儿和那只老猫有种种近乎猥亵的传闻不堪入耳。当人们讲完这些后，诡谲的眼光扑闪过后，会感叹一声，用这里流传的一句俗语做总结：男不养猫，女不玩狗。所以，你动他木刻楞里的什么东西都可以，就是不能动他的猫，那猫也不会让你接近它，你还没动它呢，它早就向你伸出爪子来了。村里人老嘱咐我们千万别惹老头儿的那只老猫。

我们和老头儿相处得不错，他知道我们都是从北京来的知青，虽然没有什么语言交流，但每一次去他的木刻楞里，他和老猫都显得很高兴。我想大概除了我们，几乎没有什么人光顾他那里，终日和一片原始老林子为伍，寂寞日子随叶绿到叶落，想象老头儿和老猫相依为命的样子，也是可以理解的，村里人们的传闻有些猥琐。

只是，我从来不敢动老头儿的猫。

有一次，老头儿的猫伤了，为什么伤的，谁也说不清，有人说是让狐狸咬的，也有人说是让村里那些一直看不惯老头儿和猫的人偷偷打伤的。老头儿很倔，谁要是偷偷地伐木，他是不依不饶的，所以，遭人嫉恨，也是能够理解的。至于猫伤在哪里，我没敢凑上前看，只觉得猫蜷缩在火炉旁，奄奄一息了，眼睛也不那么蓝了，灰云彩一样模糊的眼神，茫然四顾，最后落在老头儿的身上。我心想，这只猫大概活不长了。

可是，老头儿的猫跟老头儿一样，尽管苟延残喘，还是活了过来。有人说，猫有九条命，一般死不了。也有人说，是老头儿精心照顾，老头儿懂得林子里藏着的草药，采了来，熬成药汤和药膏，喂它的嘴里，抹它的身上，才把猫从死亡线上给拽了回来。也有人说，这猫不是一般的猫，是只神猫，和老头儿一条命线上拴着，就像一根绳子上拴的两只蚂蚱，只要老头儿活着，它就死不了。总之，众说纷纭，是那些闲来无事的人们扯闲篇时磨牙的佐料。

我对他充满好奇心，有好几次路过老头儿的小木屋，和他套近乎，想从他的嘴里套出点儿什么，他都是缄口不语，连眼皮都不眨一下，一直闭着眼睛，也不知道他是不是睡着了。

有一年开春，我在宣传队，提出写一个守林人保护森林和边疆的节目，申请到底窑蹲点儿，被批准了。我很想和老头儿同住在那个木刻楞里，尽管老头儿的那只老猫让我很害怕，但为了套出老头儿的一些秘密，我还是向村里的头头提出了这个想法。头头没什么意见，老头儿坚决不同意，说一间屋子太小，已经住了他自己和老猫了，没法容下第三个人了。没办法，头头只好给我安排在村里离老头儿木刻楞最近的一个老乡家。

这是一个跑腿窝棚的家。所谓跑腿窝棚，是当地人对光棍汉的一种称呼。这是一个四十来岁的男人，他欢迎我，但对我说：我可是不会做饭，做饭是穷将就，比烀猪食强不了多少，你得凑合着吃！那时，我吃的是村里的派饭，每吃一顿给一顿的饭钱和粮票。心想，顶多住一个星期，就把最后一顿的晚饭，留在跑腿窝棚家，凑合着吃，每天也就这一顿。

没有想到，最后一天晚上，回到跑腿窝棚家，一盘芹菜炒肉丝，已经端在炕桌上等着我呢。菜是刚刚炒的，还冒着热气。我也是饿了，上前用手先夹了一口塞进嘴里，真香！真的，来北大荒好几年了，我还是第一次吃到这么好吃的菜。尽管将近五十年已经过去了，只要一想起那盘芹菜炒肉丝，我还能闻得到那股扑鼻的香味儿。至今，我还能想得出来，芹菜是那样地嫩，没有一根筋脉，被切成滚刀块，肉丝也是那样地嫩，那样地润滑，菜里面，有炒的香香的花椒粒，还有蒜末和干红辣椒，喷了一点儿酱油，点了一点儿醋，居然就可以这样地好吃。颜色还是那样地好看，绿色的芹菜，配上鲜红的辣椒，在开春时节格外明艳照人。在北大荒六年，也吃过其他别的好吃的菜，但从来没有一个菜可以比得上这盘芹菜炒肉丝。心里猜想，完全是馆子里的做法，才会这样讲究色香味儿。

那天，我坐在炕上，就着一个大馒头，头也没抬，一口气把那一盘芹菜炒肉丝风卷残云一般吃得干干净净。想想，那吃相一定很吓人，很丑陋不堪。谁让菜炒得实在是太好吃了呢！

吃完之后，才想起，光顾着自己，居然没有给我这位同居了一个星期的跑腿窝棚留一点儿，很抱歉地对他说：你看，都让我一个人给独吞了。你还说你不会炒菜，你的菜炒得多香呀！

他笑了说：看你吃得香就好！不过，这菜可不是我炒的。我别狗揽八泡屎，把功劳都揽在自己怀里。

我问他是谁炒的。这要不是在馆子里学过炒菜，绝对炒不出这样的味儿来。

他告诉我，是守林的老头儿。这让我不敢相信。那么一个邋邋遢遢脏兮兮的老头儿，居然还有这样的一手！我才觉得江湖水深，特别是在北大荒，更是藏龙卧虎。这个老头儿一定经历不凡，身上绝对藏有秘密。即便不那么惊心动魄，也肯定跌宕起伏。

当天晚上，我就跑到老头儿的木刻楞里，先向他道谢，为我炒了这么一盘好吃的芹菜炒肉丝。然后，希望顺坡下驴，从他的嘴里套出点儿让我惊喜意外的秘密。老头儿对我极度的阿谀奉承无动于衷，依然三缄其口，只是抱着那只老猫，任我一人自拉自唱，喋喋不休。老猫闭着眼已经睡着，他眯缝着眼，似睡非睡，眼前似乎雾一样迷蒙，也不知他在想些什么。窗外星光迷离，透过木格窗子，斑斑点点地洒落在老头儿的身上，萤火虫一样闪闪烁烁。

离开北大荒之后，我几次回到北大荒，都曾经打听过底窑这位守林的老头儿。人们告诉我，好多年前，老头儿就死了，他守着那片林子，一直到死，是无疾而终。他死后，那只老猫很快也就死了。

如今，底窑的那片林子，也已经没有了。人们一斧一斧地把它们给砍光了。

我不明白，那么大一片林子，怎么能够说没有就没有了呢？就是一棵树一棵树地砍，也得砍上好大的一阵子吧？当初打日本鬼子，闹抗联的时候，即使是战火纷飞，也没有把林子烧光。闹胡子（土匪）的时候，胡子在底窑出没，吃喝拉撒睡外带绑票烧杀，都在那里，那片林子也没有受到致命的伤害。我们知青在的时候，王少白师长带领我们向荒原进军，开垦荒原，要了那么多湿地的命，也没有要了那片林子的命呀。怎么到了现在，说没有就没有了呢？为什么非要跟它过不去呢？

我问：砍掉那片林子干什么用呢？

种地。

北大荒那么多的地不够种，非得砍那片林子不可？

人们告诉我，好多年前，老头儿就死了，

他守着那片林子，一直到死，是无疾而终。

他死后，那只老猫很快也就死了。

你不知道，你们走了以后，这些年农场搞土地承包，都想多承包地好多赚钱，地再多也不嫌多呀！

我说不出话来。那样一片林子，不知几百年乃至上千年一点儿点儿地积蓄力量，才养育得如此蓬蓬勃勃，就这样被我们只争朝夕地砍光了。即使我重新回来想再看看怀怀旧的地方，都无法找到了，就好像你想倒一杯酒自斟自饮，酒没有了，杯子也已经找不到了。只留下一些断树残枝和枯朽的老树根，如同动物化石里枯瘦的脊椎骨架，像是散落在那里的残存的回忆，让我努力寻找并试图恢复着当初那片林子的样子。

心里暗暗地想：幸亏守林的那个老头儿早死了，要不看到这样的情景，又该怎么说呢？

那样一片林子，
不知几百年乃至上千年一点儿点儿地积蓄力量，
才养育得如此蓬蓬勃勃，
就这样被我们只争朝夕地砍光了。

萋萋荒草

一

冬天猪号的记忆，对于我，总是和那口井，和那口锅，和小尹相连在一起的。

那口井，在猪号前面不远，我最怵头那口井。冬天，井沿结起厚厚的冰如同火山口，又滑又高，担着桶爬到井口已经很困难，偏偏打水时又常常把水桶掉进井里，那是我最尴尬的时刻。重新把掉下去的水桶捞上来，要用一个铁钩子钩住水桶，井很深，挂钩子的井绳子飘飘忽忽的，不听使唤，要想捞上水桶，比鱼儿上钩还难。那时，我干活儿真的挺笨的。

每逢这时候，小尹总会出现在我的身后，轻轻地说句：我来吧。好像他未卜先知，早知道我笨笨的又把水桶掉进井里了。他双手攥着井绳，左右摆动几下，井绳悠悠地像蛇一样蠕动着，铁钩就已经听话地钩住了水桶。每次小尹帮我把桶捞上来，我的尴尬面对的常常是他抖动结满冰霜胡茬儿上的宽厚的冬天猪号的记忆，对于我，总是和那口井，和那口锅，和小尹相连在一起的。

笑。

我是秋天来到猪号干活儿的，和他住在猪号的一间小屋里，已经住了一个多月了。他不爱讲话，我们两人基本上是白天干活儿，晚上睡觉，谁也没什么多余的话。好像在此之前演出的都是哑剧，冬天到了，天寒地冻了，大雪飘落了，井口结冰了，水桶掉进井里了，人物才开始张口讲话了，活了起来一样。

在我的印象中，小尹的胸前总是系着一条围裙，那围裙很长，几乎拖到了地。他走路像是没有腿，只有上半身，飘浮在半空中。

那时候，我刚从七星管局宣传队灰溜溜地回来，是心情最灰暗的时候，谁也不愿理，哪儿也不愿去，干完活儿，闷头在屋子里看书、写东西。冬天的荒原，显得越发地荒凉，却也越发地安静。特别是猪号，远在二队偏僻的一隅，到了夜晚，除了风的呼啸和猪的哼哼叫声，没有一点儿声响，更有一种远离万丈红尘的感觉。滤就了几丝凄凉之后，我摆出一副死猪不怕开水烫豁出去的样子，躲进被窝里，埋在书本中，打发时间，沉浸在万里荒原之外的想入非非中。我睡得晚，小尹睡得早，我们俩相安无事。那时，还没有电灯，一盏马灯如豆，万里荒原似海，心像是漂泊无根的小船，不知哪里可以拢岸。这是那时我写下的拙劣的诗句。

我们住的小屋，和烀猪食的大屋是连在一起的，中间只隔着一道木门。烀猪食的大锅硕大无比，猪食一直在锅里煮着，灶火一直不灭。小尹一觉起来，看马灯还亮着，披衣下炕，跑出小屋。我以为他是跑到外面撒尿，可他回来的时候总会带来一块热乎乎的烤南瓜，塞在我手里，让我趁热吃。他早在烀猪食的大柴灶里塞进了南瓜，那种只有北大荒才有的南瓜，烤得喷香，面面的，甜丝丝的，味道很像北京的沙瓤白薯。

小尹几乎每天帮我捞水桶和烤南瓜，让我对他心存感激。谁能够几乎每天都这样想着你，帮着你，默默地伸出温暖的援手，像伸出一根缆绳，挽住你已经漂荡不定东倒西歪不知所以的小船？那一刻，我觉得万里荒原不那么荒凉，一灯如豆也有了跳动的生气。

我就是从这时候开始注意到他，开始和他交谈的。

他是从山东跑到北大荒的，那时管这样的人叫作盲流，从最开始开发大兴岛住地窨子的时候，他就在我们二队干活儿了，多年的媳妇熬成婆，便也就从盲流转正，成为了农场正式的农工。他的年龄比我大许多，那时得有三十多了。叫他小尹，是因为他长得个矮，其貌不扬。小尹的命苦，儿子才一岁多一点儿，他老婆就带着儿子突然不辞而别，甩下他像一条孤零零的老狗。在农村，老爷们儿甩女人可以看作长脸的事，被女人甩掉是被人看不起的，脸一下子掉到地面上了。一气之下，他只身闯关东来到北大荒。开始在场院里干活儿，有好事的泼辣女人们常拿他寻开心，甚至当众解开他的裤带，说是看看他里面那玩意儿是不是有毛病，那女人才甩了他。他不吭声，死死地抓住裤子。拽不下来他的裤子，她们就往他的裤裆里灌满鼓囊囊的豆子。和我被发配到猪号来不一样，他是主动离开了场院，要求到猪号来的，这样可以只伺候猪八戒，不和那么多人打交道。

当我听他讲述了他的经历之后，非常后悔刚到猪号时对他的怠慢。每个人都是一本书，打开来，一页页翻开之后，才会发现每个人活着的不容易，都很挣扎，都有一种难言之隐的苦楚，蛇一样时不时会爬出来咬噬自己的心。我很惭愧，只是顾影自怜，舔着自己的伤口，却没有发现睡在身边的小尹比我还要不幸。

小尹是个扎嘴的葫芦，话都憋在心里头，能够对我讲述他的伤心往事，很不容易。讲完这番话之后，我们的关系发生了根本性的变化，一下子亲近了许多，即使晚上还像以前一样，彼此一句话都不讲，但已经心思相通，知道了彼此心里想的是什么，要说的是什么。他还是早早地睡下，我还是点着马灯写字看书，一觉醒来，他还是起来，跑到外面撒泡尿回来，给我从灶火里拨出一块烫手的南瓜。有时候，他跑回来，躺在炕上睡不着，就抽一袋关东烟，问我一句：呛不呛你？我说句：你抽你的，不碍事！然后，不是我不知道他什么时候睡着了，就是他不知道我什么时候睡着。我们就这样相敬相近，两不相扰，我看我的书，写我的东西，他想他的心事，抽他的烟。

日后，我常常想起冬天在猪号的那些日子。那些夜晚，即使朔风呼啸，大雪弥漫，都是万籁俱寂，静得你只能够感受到夜的深处和荒原深处隐隐的律动，像是呼吸一样轻微而均匀，烟一样笼罩在你的心头，仿佛有女人的手心或鼻息似的，柔和地抚摩着你，吹拂着你，呵气如兰的那种感觉，让你哪怕是没有笼头的野马一样的心，也俯首帖耳地安静下来。在以后的日子里，我再也没有度过如同在猪号里那样安静的日子。我才发现，喧嚣其实是容易的，安静却是很难的，那需要天时地利人和的综合作用。

我也常常想起关东烟的味道。我不抽烟，但那关东烟的味道，说不上好闻，而是一种让我难忘的味道。只要一想起它的味道，就能立刻把我拽回到猪号的日子，小尹，便系着拖地的围裙，浮现在我的身边。

很久很久以后，我听正读高一的儿子在房间里大声高唱一首叫作《味道》的流行歌曲，唱到这样几句歌词的时候：想念你的笑，想念你的外套，想念你白色袜子，和你身上的味道，我想念你的吻，和手指淡淡烟草味道……不知怎么搞的，心里一热，很有些感动，禁不住想起了小尹。

想起小尹，不仅是他手指间关东烟浓烈呛人的味道，还有那一年刚刚开春时节他从草垫子里抱回来的一只兔子，一只受伤的野兔。那时，积雪还没有化干净，春寒料峭，风还很硬。那只受伤的兔子，躺在猪号外面的荒草丛中，灰色的毛间有已经发黑的血迹。小尹放猪的时候，发现了它，把它抱了回来，在猪号烀猪食的大屋里，用破木板铺上干草，替它搭了个窝。每天，小尹有活儿干了，找些冻白菜叶子和胡萝卜，或者从猪食里拨拉出来兔子能吃的玩意儿喂它，甚至拿来南瓜喂它，甭管吃不吃，有了小尹操不完的心和好多说不出的乐。每天夜里

在以后的日子里，
我再也没有度过如同在猪号里那样安静的日子。

起来跑到外面撒完尿回来，也不会忘记看看他的宝贝兔子。屋子很大，又暖和，野兔的伤很快就好了，能够满屋子跑，追着小尹玩了。那是小尹最开心的时候。

大约有一个来月之后，我记得正是最后一场埋汰雪下过并化干净之后，那天清早起来，小尹照旧先去看他的宝贝兔子。那只野兔已经跑了，屋里屋外，我陪小尹找了一圈，也没有找到。不知它是怎么拱开了大门，跑了出去的。小尹自责说都怪自己，肯定是半夜跑出去撒尿回来没把门关好！然后，他又自我宽慰说，早晚得走，这儿又不是它的家！尽管这样说，我看得出来，小尹心里有点儿伤感，挺舍不得的。

1974年，我离开北大荒的时候，小尹还在猪号喂猪。1982年，我重返北大荒，回到队里，找不到猪号了，那里只剩下一片野蛮生长着的茂密的野草。我很想念分开八年的小尹，打听他的下落，才知道他到场部打更去了。我折回场部找他，他家的门敞开着，好像知道我要来似的。我大叫一声：小尹！出门的是个不到二十岁的小伙子，对我说：我爹不在。

我几乎是愣在那里。小尹的儿子找到了！这个比小尹高出一头多的小伙子，真的就是他的儿子吗？我简直不敢相信。我告诉小伙子，我是他爸爸一起在二队猪号干活儿的好朋友，让他爸回来晚上到场部的招待所找我，说我很想念他。当我说完这番话以后，我发现，小伙子无动于衷，愣愣地站在那里，好像他也不相信出现在他面前的我，真的是他爸爸的朋友。

天还没擦黑，小尹就跑到招待所找到我。那一晚，因为第二天我就要离开大兴岛，陆陆续续来叙旧话别的人很多，他一直默默地坐在旁边，等别人走尽，只剩下我们两人，他也站起来，说：快歇着吧，你也怪累的了。我说我不累，使劲儿拉他，他还是转身走出屋。

我跟着他一起走出屋，递给他一包从北京带来的香烟。他说他不抽，我以为他抽惯了关东烟，不习惯这种香烟。一问，才知道他已经戒烟了。儿子来找到他之后，他就戒烟了。省点儿钱，给儿子娶媳妇用。说完这话，他笑了，笑得有些腼腆，像个小孩子。

我又问他：媳妇呢？怎么没跟孩子一起来？

他说：儿子来了就行了！

那一晚，星星特别地多，低垂着，仿佛一伸手就能摸得到。站在明亮的星空下，很想和他多待一会儿，问问他新的生活。他却一再催促我回屋，不断说着同样的话：快歇着吧……然后，他就转身离开了。望着消失在灿烂星光月下他瘦小的身影，我心里替他高兴。他说得也对，毕竟儿子来了，父子团圆了，这是他在这个世界上唯一有血缘关系的亲骨肉。有了年轻的儿子，再衰老的父亲也有了依托和支撑，日后的日子会逐步好起来的。

回到屋里，我才发现床头柜上放着一个大海碗，一看，是几块烤地瓜，尽管已经凉了，在灯光下，还是油光发亮，闪动着黄中泛红的光斑，散发着丝丝的甜味儿。还是记忆中的颜色和味道。

我没有想到，这竟然是我见到他的最后一面。

2004年，我重返大兴岛，打听小尹的消息，乡亲告诉我，他早已去世多年。他死得非常惨，是死在自家的炕上两天之后，才被人发现的。

我问：他的儿子呢？

他的儿子早奔到外面挣钱去了！

乡亲说完，和我一起运气。要这个儿子有什么用，跟他妈妈一样，拔腿就走，就那么不管不顾，把小尹像条丧家犬一样孤零零地抛在家里。

有时，我会想，小尹还真不如一直在喂猪，起码还有一群猪八戒能够陪着他。

如今站在大兴岛上，我再也找不到小尹了。就像再也找不到小尹为我烤的南瓜，再也找不到猪号的那口井，再也找不到猪号，再也找不到那些风雪呼啸或星光灿烂的夜晚，再也找不到那些春寒料峭埋汰雪化尽后的野兔子一样。我会感到一阵阵莫名的悲伤。一切逝去的人和物，真的都不可能还魂似的重现在今天的面前了吗？

小尹！我的猪号睡在一铺热炕上的朋友小尹！

二

在我们二队，我第一次见到了二毛子。在东北，二毛子并不稀罕，他们是中国人和俄国人通婚生下的第二代。特别是在黑龙江，那里和俄罗斯的西北疆土紧紧相连，两国通婚，并不新奇。不要说当初号称“小莫斯科”的哈尔滨，就是北大荒荒凉的乡村，这样的现象也并非个例。只是，那时我刚从北京来，第一次见到二毛子，还是觉得挺新鲜的。

更何况，我第一次见到的这个二毛子，当时正撅着屁股弓着腰在挨斗，脖子上，一根铁丝挂着一块拖拉机的链轨板，那一块链轨板有十七斤半重，一场批斗会下来，脖子上勒出了深深的一道血痕。这样的印象，和他二毛子的长相，留给我的印象一样深刻。即使五十年过去了，只要一想起他来，眼前还是这个样子，让我惊奇之外，更毛骨悚然。

批斗的原因，仅仅因为他的这张二毛子脸。凭这张与众不同的脸，就可以立判一个人的罪行。当时，给他的罪名是里通外国的苏修特务。最令我不可理解的是，队上的造反派，闯进他家，指着他的鼻子，要他交出电台，说他每晚都在偷偷用电台和苏修联络。他有口难辩，上哪儿给他们找电台去呀？这帮人开始挥舞着镐头，在他家里一通乱刨，掘地三尺，也要找出这个无中生有的电台。

这场闹剧，我没有亲眼看到，是我来北大荒之前发生的。我听到之后，心里愤愤不平，生犊子一样，开始蠢蠢欲动。再一听说，他是位复员军人，也是拿过枪保卫过祖国的人，刚转业到我们二队当了一名康拜因手，没多久“文化大革命”来了，就遭遇了这样一场灾难，心里更是替他鸣不平。

那一天夜里，我和一个同学悄悄地摸进了他的家里。那是一个冬雪飘飞的夜晚，雪落无声，却已经一片皑皑，让这个偏远的小村子，变得格外的安静和洁白，仿佛一下掩盖了白天发生的一切肮脏丑恶甚至罪恶的事情。摸进他家，他分外吃惊，因为这时候，谁敢上一个苏修特务的家呀！那时候，他的家属还没有来得及搬来，他这样被批斗得狼狈不堪，哪里再愿意让家属搬来，看他这样一副惨状呢？四壁空空的家，便更显得几分凄凉。坑坑洼洼的地面，残存着他屈辱不堪的记忆。

他叫林世民。只因为他的母亲是俄罗斯人，只因为他生就了一张二毛子的脸。有时候，这个世界就是这样地荒唐和荒谬。

在我和同学决心为他讨还公道的交往中，我和他熟悉了起来。

那时候，他已经从康拜因上下来了，不让他再在机务上干了，让他到场院干活儿。当时，我们那里有句民谚叫作：上机务，下农工。一上一下之间，有着明显的褒贬意思。

我始终不知道他确实的年龄，猜测当时他大约三十上下，正是年富力强的时候。他常常是赤着脚，无论是灌袋和发肩（指把灌满麦子或大豆的麻袋双手一悠，悠到弯腰准备扛麻袋人的肩膀上），还是扛麻袋上跳板入囤，或是大雪大雨将至前的抢场，他干活儿都不惜力。这样以拼命干活儿来为自己正名的行为，却被认为是欺骗群众，想蒙混过关。

很长一段时间，他留给我的印象，都是链轨板勒在脖子上和赤着脚在场院上的样子，交错叠印在一起，抹也抹不掉。比起他来，知青的遭遇和命运，尤其是我，真的只是杯水风波，没有什么可以抱怨的。

大约一年多之后，他的苏修特务的事，没有人再说，不了了之，如同水过地皮湿，好像什么也没有发生过一样。他又回到了康拜因上，当年曾经闯进他家掘地三尺的人，又和他一起把酒尽欢。当时，我对他有些看法：真的是好了伤疤忘了疼，事情才仅仅过去了这么短的时间，就可以忘得干干净净了吗？我问过他，他反问我：不忘记又能怎么样呢？他们是坏人吗？和我一样，不都是老百姓吗？他的反问，让我无言以对。

1970年前后，中苏关系变化，边疆战事紧张，农场进行兵团组建，林世民从二连分到十五连新的连队。虽然，还是开康拜因，但是，他心里明镜般清楚，他的身份已经发生了变化，同样是开康拜因，和最初转业到北大荒开康拜因的意思，已经不一样了。这是大家都心知肚明的事情，留在二队的人，成为了武装连，是要发枪战备的，他这个曾经真正拿过枪保卫过这个国家的战士，已经没有了这个资格。在阶级和阶层论普遍存在并深入人心的时代，人早已经像任人屠宰后的猪肉，分为了价格不同的多个部位。他已经沦为了最不值钱的下水。

那时，我正在新组建的师部也就是后来的七星管局宣传队写节目。那年的冬天，刚过元旦不久的一天下午，林世民来师部找我，他特意穿着一身棉军装，脚底下穿着一双军用的大头鞋，戴着一顶狗皮的棉军帽，想是复员时留下来的。他以这身装备出现在我面前的时候，让我眼前一亮，多像《林海雪原》

里的203首长呀。我才觉得，他长得是那样地英俊，混血的二毛子，多数都会长得比他的爹妈要漂亮。

林世民在我们宣传队食堂吃晚饭的时候，引来好多人的目光。有人走过来说：这么英俊的人，留在咱们宣传队得了，演不了咱兵团战士，也能演个老毛子兵呀！那时候，我们正在排练黑瞎子岛兵团战士智斗老毛子兵的小话剧。演兵团战士，都是本色派，演老毛子兵，再怎么贴胡子戴黄头发，也不像，便有人应和着：还真是，他演老毛子兵都不用化妆了！

其实，谁都明白，都是玩笑话，谁想到，林世民听不下去了，他没有说什么，只是一下子放下了碗筷，站起身来，头也没回地快步走出了食堂。

我赶紧追了出去。我知道，对于有些人，有些词是忌讳。老毛子和二毛子，在别人不算什么，他听来却椎心刺骨般的疼。这就跟我听到“黑五类”或“狗崽子”一样，人同此心，心同此理。我劝他：都是在开玩笑，他们没有恶意，你别在意。他没说话，默默地往前走。

走了不远，前面有一个小酒馆，灯火闪烁，他对我说，咱们进去喝点儿！我知道晚饭他没吃好，就跟着他进去了。酒馆不大，但人不少，喧哗声四起，关东烟呛人，木柈子烧得炉火通红，烟雾缭绕中人影幢幢，很是热闹。冬天，东北人没处去，酒馆是最好的去处，东北人又都能喝酒，我是领教过的，但是，都是在老乡家或者队上逢年过节的时候领教过的。来北大荒几年了，这样地道的东北风味儿的小酒馆，我还是第一次进。

我们俩找好座位坐下，他先冲到服务台前去买酒菜，我心想别干坐着，便想去找个碗筷和酒盅。绕着酒馆转了一圈，没找到酒盅，在一个洗碗池里看到有好多个大海碗，便拿起两个，一看碗里有水，随手泼了出去。没有想到，立刻有一双大手使劲儿地拍在我的肩膀上，喝声道：伙计，你怎么把我的酒给倒了？我当时不懂得东北人喝酒的规矩，还以为他是在讹我，便反唇相讥。我们两人的争吵声，引得好多人侧目，林世民走了过来，向那人道歉：我这个伙计是从北京来的小知青，不知道碗里盛的是酒。说完，替那人买了两碗酒了事。

我长了见识。原来东北人喝酒，不用小酒盅，得用大海碗，还得泡在热水里烫酒。那个池子可不是洗碗池，是专门用来烫酒的开水池。我从里面拿起碗，怎么就没有感觉是热的呢？

林世民的酒量，我也是那一天才见识到了。他很能喝，怎么喝都不醉，让我佩服。我对他说：你够能喝的呀！他说：我在部队里从来不喝酒。我不信。他说：你别不信，我说的是真的，我是到了大兴，到了咱们二队之后，才慢慢喝起来的。这话说完之后，他的脸沉了下来，话一下子显得沉重，让我的心也沉重了许多。我能想象得出，复员转业后这好几年，特别是挨批斗之后，他独自一人借酒浇愁的情景。

他接着对我说：你知道我以前为什么滴酒不沾吗？我问他为什么。他说：我的父亲是个酒鬼，喝酒喝得最后把命喝没了。所以，我从小就下决心，一定滴酒不沾！这话说得更让我的心里沉重得像压了块大石头。我能想象得出，他的父亲喝酒肯定也是为了自己的老婆。但是，我难以想象，一个一直坚持滴酒不沾的人，重走到父亲的老路上，这该是怎么样的一种痛苦不堪的心路历程呀。我抬起头来望了望他，英俊的脸庞上浮现出那时我读不懂的表情，在小酒馆昏暗的灯光下，黄色的头发上，黄中泛蓝的眼睛里，闪动着怪异的光斑。

这一次，路过师部，他就要转道回老家，把妻子孩子，还有健在的母亲接过来。我很为他高兴，有个家，他的日子也能过得好些，别再孤灯冷壁，那么地凄惶。潜意识里，我也真的想见见他的那位老毛子的母亲长得什么样子。

本来说好了，这一晚他是住在我们宣传队的，我都已经从女生那里借来了一床被子，就挨在我的铺位睡一宿，第二天送他乘坐去佳木斯的汽车，再换火车。虽说他的老家也在黑龙江，但黑龙江实在太大，他回家一趟，不比我回北京容易。但是，喝完酒之后，他坚决不跟我回宣传队了，我怎么劝都不行，他说在师部有他曾经在部队的战友，他到那里住，那里离汽车站更近些。我束手无策，知道肯定是刚才宣传队那几个人说的话刺伤了他。谁都有属于自己的那一份自尊，泥人还有个土性呢，再渺小的虫子，也要守卫自己的小窝。

春节过后，林世民从老家回来，没有接回他的妻子孩子和老母亲。一家子老小都不愿意跟着他到还在开发的大兴岛，老家虽然也是农村，但总比一片荒原要好。一家人都劝他回老家，离开大兴岛这个伤心地。他倒不是舍不得离开大兴岛，而是舍不得兵团，他的老家再怎么说是农村，兵团可以拿工资。

他回来路过师部，没有到我这里来，直接坐车过七星河回大兴岛了。

我再也没有见过他。没有过几年，忽然传来了消息，说林世民死了。因为他人不在二队，二队的老人对他的情况都不大了解，只知道他死了，没有任何的征兆，突然就死了。都说人死如灯灭，瞬间的工夫，最后的一点儿光亮就没有了，眼前一片黑暗。他死得太早，太可惜了。过后好久，大约我已经从北大荒调回北京了，才听说他是喝酒中猝死的。我简直不敢相信：他的酒量那么大，从来都没有喝醉过，怎么会猝死了呢？

林世民死后没多久，有一天，我从富锦县城办完事，准备回大兴岛。那时候，必须得从富锦坐长途车到七星，再从七星换长途车到大兴岛，一去一趟九十里地。在七星长途车站候车的时候，我遇到了一个女人带着个孩子，是个女孩子，也就七八岁的样子，模样像个小洋人，一头金色的头发，先是引起了我的注意。再看她们母女的身边跟着一个老太太，金发碧眼，个头高挑，别看岁数大了，身材也胖了，但挺精神的。当时，我就猜想：会不会是林世民的一家子呀？我想上前问一问的，还没有走到她们的跟前，听见孩子在问她的妈妈：爸爸这一次干吗自己不回来，非要咱们去看他呢？她妈妈回答：肯定是你爸爸工作太忙，想你了呗！孩子有些生气了，说：不对，爸爸想我，也可以回来看我的呀！你们肯定有事瞒着我，一路怎么问，你都不告诉我！老太太在旁边也说话了，操着一口地道的东北腔，先对孩子妈妈说：还是告诉孩子实情吧！然后对孩子说：你爸爸干活儿伤着了，正住院呢，要做手术，所以才让咱们一家子都来看看，还得给医院的大夫签字呢！孩子惊讶地问：爸爸伤了？伤得重不重呀？妈妈赶紧安慰她：应该没什么事，大夫说做了手术就能够恢复了……

我不知道两个大人知不知道林世民已经死了，还是只是在宽慰孩子。一时间，我不敢走过去，怕她们问起我，我该怎么回答。

但我敢肯定，这一家子是林世民的家属。

三

北大荒虽然也算是乡村，但和地道的乡村不尽相同，不仅由于它地处僻远，四周被一片荒原包围，人员又都是四面八方聚集而来，聚集在一起的时间并不长，因此少了些传统意义上乡村代代相传下来的固有规矩与习俗，更具有一些如荒原一样的狂野和自由，甚至还有一些肆无忌惮却不以为然的热情和放荡。记得那时候，夏天我们到菜地摘西红柿，缀满叶间的西红柿，红得透透的，胀得鼓鼓的，真的是鲜艳欲滴，只要一碰就会汁水四溢。当时我给报纸写稿，写了这样一句：那些熟透的西红柿，红得鲜艳欲滴，压在架子上，又摇又晃，就像队上那些小娘们儿般的妖冶。可惜，文章发表时被删掉了。

那些熟透的西红柿，红得鲜艳欲滴，压在架子上，
又摇又晃，就像队上那些小娘们儿般的妖冶。

那些小娘们儿，说的不是女知青，而是村里年轻的女人。她们一般是复员军人和山东支边人的家属，还有的是盲流的家属。前者，什么地方的人都有，后两者多来自山东。她们虽然早早就结婚生子，但很多人都很年轻，比我们从北京来的知青大不了几岁。一下子，陆陆续续从北京上海天津哈尔滨等大城市来了那么多的知青，男男女女，又都是处于青春期，按捺不住的爱情，在队上的白天黑夜和角角落落里泛滥，不可能不对那些小娘们儿有所触动和刺激，让她们想起自己的恋爱季节，或后悔，或羡慕，或暗潮涌动，潜流隐起。

我们二队大老李的老婆，性情温和，不善言辞。在我的记忆里，我从来没有听见过她说话，什么时候见到她，都只见她温和的笑，那笑里带着她对任何人的友善和低眉顺气的谦卑。这性格，和她的丈夫大老李十分相似。大老李是康拜因手，人长得高大魁梧，应该说是条英俊的汉子，在我那时的印象中，和《水浒》里的好汉武松的形象吻合。从长相来说，他老婆和他很相似，可以说也属于俊俏的小娘们儿，而且，和他一样个头儿很高，虽然身体有点儿发福，但健壮得更有一种成熟女人的美，尤其是白皙的脸蛋上，长着一双丹凤眼，比大老李还要让人想多瞅上几眼。想想，那时候，她和大老李都是刚刚三十出头的样子，正是徐娘正好，风韵犹存的年华。

大老李不苟言笑，干活儿很投入，他那台红色的东风康拜因，被他侍弄得干干净净，即使是开春埋汰雪或夏天暴雨过后，干了一天活儿的康拜因跟个泥猴似的，下班之后，他也会把它收拾得光可鉴人，好像是时刻准备出嫁的闺女。队上的人，谁经过那里，都会夸完了康拜因，夸大老李。这一点，他老婆和他也很相似，爱干净。她有两个孩子，一个刚上小学，一个还满地爬，正都是淘的年龄，但家里家外，包括她自己和孩子，只要是出门，什么时候都是干干净净、利利索索的。大老李一身整洁的行头，人们都会夸赞是他老婆的功劳。

在我们二队，这是一对夫唱妇随的夫妻，是一对让人羡慕的夫妻，是天造一对地设一双的夫妻。当然，除了羡慕，也有人忌妒，甚至垂涎欲滴，不过，表现出来的都是羡慕和赞扬，而把后者藏在心里，或背地里悄悄地议论，或喝醉酒后发出呓语。据说，也有个别的坏小子，趁着大老李不在家的时候，半开玩笑，半心怀叵测地故意挑逗过她，都被她呵斥，像撵狗一样给撵出了院子。一个不怎么说话的女人，一旦说起话发起狠来，谁都害怕。那几个坏小子背后恶毒地说她是不叫唤的母狗，更凶！

谁也没有想到，这样一对模范夫妻，居然出事了。所谓出事，我们队上的人们称作乱搞。男女关系的事情，是人们最热衷关心的，也是风传得最快的，可以说是偏远寂寥荒原上的调味剂和娱乐节目。在偌大的荒原上，乱搞的人，不止大老李老婆一人，之所以别人对她最为关心，而且很长一段时间津津乐道不已，在于她和谁乱搞不成，非要和我们二队新来的队长乱搞！那个队长，人长得又矮又胖，跟个大冬瓜一样，和大老李一比，就像武松和武大郎一比，差得不是一个节气。为什么大老李老婆要跟这么一个老冬瓜乱搞在一起呢？这是让大家愤愤不平的事情。

一时间，这件事在我们二队传得沸沸扬扬。说老实话，起初，我是不大相信的。我觉得是这些人吃不着葡萄说葡萄酸的心理在作祟，故意编派人家大老李的老婆。在北大荒，无风起浪，是常有的事。

但是，这样一件事情发生过后，我又不得不信，这件事是真的。

那一年冬天的夜里，大老李把他老婆浑身衣服扒光，一通狠打，然后五花大绑，给扔到院子里。那是数九寒天的严冬呀，北大荒夜里的朔风凛冽，有零下二三十度呀，不是一般地冷，而是如同熊瞎子的手掌拍过来一样地厉害呀！大老李一身腱子肉，壮得跟牛犊子似的，他老婆怎么禁得住这样一通暴打？如果他老婆和队长的事不是真的，而且已经让大老李手拿把掐地坐实，平素里那样温和笑眉笑眼的大老李，怎么可能气昏了头，出此狠手？兔子急了还咬人呢，人们发出感叹之后，也就都原谅了大老李的粗暴，而把屎盆子理所当然地扣在了他老婆的头上。

我同情大老李，但凡是个男人，谁也不愿意自己的脑袋上顶一个绿帽子。但是，我同时也埋怨大老李：你真有能耐，有火气，冲新来的队长发去呀！干吗就会冲自己的老婆发？老太太吃柿子，专找软的捏！

以我当时年轻的认知，我是不大理解大老李，更不大理解他老婆。我一直到现在都不理解，大老李的老婆这么一个俊俏的小娘们儿，为什么放着河水不洗船，守着很多女人羡慕的大老李，非要找一个矮冬瓜？莫非就因为他是一个队长，像如今有的女人愿意傍个大官？但队长又算个什么狗屁官呢？

这样大半夜里把老婆的衣服脱光，像剔光了鱼鳞的鱼一样，光溜溜地扔进院子里的事情，虽然只发生了有数的几次，但是，很快就传遍了全队。这几次都是邻居，听见他老婆惨淡而柔弱的呼叫，以为是狼崽子叫，闯进自家的鸡窝呢，跑出屋，发现是她，赶紧跑进大老李的院子，抱着冻僵的她进屋，一个劲儿地埋怨大老李：这样做要冻死人的，可不敢再这样了！大老李不说话，站在一旁，还在运气，肚子一起一伏，像拉风箱。两个孩子都被惊醒，挤在炕头，钻进被窝。不敢看，不敢吱声。

我们队上几乎所有的人都觉得，大老李和他老婆的日子快到头了。大老李也觉得日子该到头了。好几次，借着酒劲儿，他这样说过，时刻准备离婚，就是个时间早晚的问题了。更有好多次，他开着开着康拜因，突然莫名其妙地憋了火。他像霜打的草，蔫了下来，曾经那么干净利落的一身衣服和同样干净利落的康拜因，都无心打理，变得脏兮兮的了。一家子的日子，过的常常是清锅冷灶，少了生气。屋顶上的炊烟，也变得稀薄，没有以前的袅袅娜娜，带着灶火的香味儿。

我也觉得这一家子快要散伙了。谁想到，任凭大老李怎么骂，怎么甩脸子，他老婆从来不提离婚的事，更不提挨打剥光丢在院子里的事，照样每天早早起来做熟了早饭，照样伺候两个孩子和大老李。当然，她也不提和队长的事。好像一切都没有发生过，无论像是一个香梦，还是像一个臭屁，都已经消失得无影无踪。

那时候，我确实是太年轻，实在弄不懂这个女人葫芦里卖的什么药。是大老李这一通超乎寻常的暴打，打得她痛改前非？还是打是疼骂是爱，越打越是和大老李难舍难分？或者，和队长不过只是露水之情，水过地皮湿，早就干了，没有了一点儿的痕迹？

只是大老李没有像她这样的超脱，大老李一直处在这段事的阴影里，怎么走都难以走出来。我和大老李的老婆不熟，和大老李关系还可以，趁着喝酒的机会，曾经将我的疑问问过他。他不好意思和我探讨这样的问题，只是说：谁知道呢！老娘们儿的心，你永远猜不透！

大老李继续开他的康拜因。大老李的老婆继续每天伺候他和孩子。

庸常百姓，寻常人家，居家过日子，都是这样过过来的，即便有时会平地起雷，闹得天翻地覆，但是，再怎么样的惊心动魄，过了那一段最紧张的时刻和冷战阶段，渐渐地也就恢复了平静，就像暴风雨中吹折了树木，吹翻了房屋，风雨过后，总会平静下来，即便是短暂的平静，也是平静，再闹，也得等着下一场暴风雨的到来。打打闹闹一辈子的一家子，有的是。

不过，锔过的饭盆，毕竟不像以前那样光鲜照人了。大老李的老婆又恢复以前的样子，低眉顺眼，小心谨慎，伺候一家子头头是道。大老李却像是吹落的树叶子，回不到以前的枝头上了。没事的时候还好，酒喝多了，就控制不住自己，特别是喝醉以后，完全变成了另外一个让你根本不认识的人，不管不顾，扒光老婆，痛打一段，然后扔到院子里的事情，又发生过几次。过去的事情，结不成一块疤，却长起了一个瘤，而且，在大老李的心头越长越大。

大老李的脾气，变得越来越坏了。

那时，我不知道该如何劝他，但常常想：既然这样，还不如离婚算了，一了百了，这不是慢刀子割肉吗？多难受。但是，离婚这个词，大老李从来不提，他老婆也不提。

那时，我确实年轻，世事未谙，弄不懂人间好多的事情，简直就像瞎老婆织的破渔网，这个网眼和那个网眼，交错在一起，无法数清，也无法说清。

我离开北大荒大约十多年之后，忽然传来了消息，说是大老李的身体不行了，有一天收工，从康拜因上走下来，没走几步，突然一个跟头栽倒。开始，没有当回事，以为是干活儿累了。谁想，没过多久，竟然瘫在床上，再也起不来了。我真是难以相信，那时候，他的年纪应该也就四十多岁呀，平常身体那么强壮，把庞然大物的康拜因调教得像一个儿童玩具、把他的老婆像扔枕头一样轻而易举就扔到院子里的一个人，怎么说倒就倒下了呢。

听说，每天吃喝拉撒睡，都是他老婆一个人忙活。他的两个儿子都大了，却都不在身边。如果去医院看病，也是他老婆把他从屋子里背到院子外面，一直把他背到车上。很难想象，一个已经那么瘦弱的女人，怎么背得动大老李那样一个大块头儿！

就这样，他老婆伺候了他三年多。都说久病床前无孝子，他老婆却日复一日地伺候了他三年多。

我知道，再怎么样精心地伺候，也难以把丈夫伺候回年轻时候的模样了。但是，他老婆依然精心地伺候。或许，这就是老婆。

大老李的生活已经无法自理，连洗脸洗脚洗澡都要老婆帮忙。我曾经这样庸俗甚至不怀好意地猜想过，洗澡的时候，当他的老婆脱光了他的衣服，是否曾经想过当年被他扒光了衣服扔到冰天雪地的院子里的情景？她就从来没有想过报复他一下？或者也羞辱他一下吗？

我不知道。或许，那只是我的以小人之心度君子之腹吧。她根本从来没有想过要这样做。人这一辈子，谁都有马失前蹄的时候，谁都有软弱无助的时候。这种时候，大老李已经最弱不禁风，需要的是帮助，而不是报复。

但是，我相信，他老婆是不会忘记以前的事情的。那不仅是她最无助的时候，还是她最羞辱的时候。

我也不知道那个队长后来怎么样了。只知道，他早就从我们二队调走，至今还是光棍一条，住在跑腿的窝棚里。而她呢，从来没对任何人提起过他一句。关于那个队长和她的事，不仅是我，我们二队所有的人，包括大老李在内，都不清楚当初她是怎么想的，后来又是怎么想的。

做老婆，她是一碗清水，看得到底；做女人，她却像大老李曾经说过的，是一个永远猜不透的谜。

四

在北大荒，尤其是在大兴岛，见到最多的是荒草。荒草萋萋，触目皆是，铺天盖地，翻涌到天边，再被风吹回来，卷到我的脚下，簇拥在我的身旁，然后又被风吹走，吹远。往返回复，生生不息。

其实，荒草只是笼统的叫法，每一种荒草都有自己的名字。只是，我不知道，似乎我也从来不曾关心，不曾认真地请教过它们的名字到底叫什么。荒原上的那些野花，底窑老林子里的那些树木，我也远比荒原上的草的名字知道得更多一些。

离开北大荒五十年了，不知道为什么，那片荒原常会不请自入，闯进我的记忆里。我顽固而仔细地一遍遍在回忆，在琢磨：那些萋萋荒草中，我能够叫得出名字的有哪些？

在北大荒，最有名的草，一种是乌拉草，一种是萱草。这两种草，我都是见过的，并能够叫出它们的名字。北大荒三件宝，人参貂皮乌拉草。传说冬天将它们絮在鞋子里，可以保暖。有一年，我的胶皮底的棉鞋鞋底有些漏，雪水渗进去，很冷，絮上乌拉草，别说，还真管用，帮我抵挡了一冬的严寒。

在北大荒，尤其是在大兴岛，
见到最多的是荒草。

春末夏初的时候，成片成片的萱草开着黄色的喇叭花，花瓣硕大，明艳照人，当时，我们都叫它们黄花菜，在它们还没有绽开花瓣的时候，赶紧摘下来，晾干，就是我们吃打卤面时放的黄花菜，它们成为了北大荒的特产。那时候，我是把它们当作花的，从来没有认为是草。但它们确实是草。

还有一种草叫羊草。当时，老乡常对我说去打羊草，我不知道荒草甸子的草是不是大多属于羊草，羊草是用来喂牲口的，它们应该是那种苜蓿草。野生的苜蓿草，在北大荒很多，我是见过的，那种被苏联作家巴乌斯托夫斯基称作“穿着打了补丁的灰衣服的穷姑娘”的苜蓿草。

但是，我见过最多的不是乌拉草，不是萱草，也不是苜蓿草，它们一般不会生长在沼泽地里。那些生长在沼泽地，也就是当地人称作草甸子里的荒草的，很长，很粗，韧性很强，不容易扯断。当地的老乡和我们知青的住房，都是用这种草和上泥，拧成拉禾辫盖起来的，再在墙的里外抹上一层泥，房顶上苫上一层草。别看是草房，冬天却很保暖。我见过最多的是这种草，我打过这种草，并用这种草和上泥拧成拉禾辫盖过草房。但是，这种草，我叫不出它们的名字，它们每一年都在荒原上生长着，黄了又绿，绿了又黄，自生自灭，自灭自生。即使最寒冷的冬天，它们枯黄单薄，被风肆虐吹得东倒西歪，也是存在于荒原之上的。它们任人们践踏，任人们芟割，又廉价地甚至毫无索求地为我们服务。

我见过这些荒草，它们是荒原上最多的草，尽管我叫不出它们的名字。没有了这些荒草的存在，就没有荒原，也就没有了北大荒的存在。我始终认为，北大荒的一个“荒”字，是由这些无边无际的荒草汇聚而成的，就像运动会上的团体操，不起眼的那一点儿点儿，组合成了一个硕大无比的“荒”字。北大荒，才像是一个巨大的花环，呈现在了我们的面前。

我还见过小尹，见过林世民，见过大老李和他的老婆。想起荒原上那些铺天盖地的荒草，我会想起他们。他们和那些荒草一样，无论我叫得出名字，还是叫不出名字。他们和荒原同在，他们支撑起了荒原弱小却也浑厚的生命骨架，他们构成了我青春岁月流逝不去的背景，他们汇聚成我回忆中最动人最难忘也最脆弱最让我想落泪的泪点。

北大荒的教育诗

一

那年开春时节，我们二队小学校里的一位老师请假回北京，好多班上的课没有人教，学校的校长想起我来，找到队上的头头，提议让我代课。我小心眼儿地猜测，队上的头头心里是不乐意的，但那时候队上好多知青被调到抚远，去修二抚（二龙山到抚远）战备公路去了，一时确实找不到合适的人，只好勉强同意。这位校长到猪号找到了我，和我们班长老王一交代，我就当了一学期的代课老师。

说是小学校，就是两间用拉禾辫盖起的草房，其格局和当地农民的住房完全一样，只不过把烧柴锅做饭的外间，作为了老师的办公室。说起老师，除了校长，就我一个。低年级的课，由校长教，我要教从四年级到六年级语文算术包括美术和体育所有的课程。这几个年级所有的学生都在一个班，在同一间其实也是唯一的一间教室上课，当地叫作复式班。拳打脚踢，都是我一个人招呼。

面对的不再是一群猪八戒，而是一群天真活泼的孩子，心情大变，犹如开春后翻浆的土地上萌发的青草绿茸茸一片，我多少有些兴奋。头一天上课，我早早地来到教室里，望着窗外，等待着学生，看着他们从绿意蒙蒙的白杨树下蹦蹦跳跳地走来，清晨的阳光透过窗户，照亮教室，潮湿的地气也显得湿漉漉的好闻了许多。

应该说，我是一个不错的老师，学生们很欢迎我的到来，也很喜欢听我教课。

有一次，六年级算术课讲勾股定理，我带着学生到场院，阳光斜照下的粮囤，在地上有一个很长的阴影子，等到影子和粮囤大约成45度夹角的时候，我让学生量量影子的长短，告诉他们影子的长度就是粮囤的高度。这种实物教学，让学生感到新奇。

那天放学后，教室里的学生都回家了，只留下一个小姑娘还坐在座位上，我走到她的身旁，问她有什么事情吗。她站了起来，说：肖老师，今天，我们在地上量影子的长短，就可以不用爬到囤顶上去量了。算术挺有意思，我想学算术。我对她说：好呀，你好好学，上了中学，算术变成了数学，还有好多有意思的课。她接着问我：如果我学好了算术，是不是以后可以当咱们队上的会计？我说：当然可以了！然后，我又对她说：你干吗非要在咱们队上当会计呀，还可以到别处做很多有意思的工作呢！

听我说完这些空洞的话之后，她满意地背上书包走了。我知道，她特意留在教室，就是为了问我这个问题的。一个在大人看来简单的问题，对于一个六年级的孩子，却不简单，有时可能会影响她的一生。而一些看似美好的话，其实不过是一个漂亮的肥皂泡，漫长的人生中，不要说残酷的命运，就是琐碎的日子，也会粗粝地将孩提时的梦想灰飞烟灭。那时候，她年龄小，不会懂得，即便我年龄比她大多了，就懂得了吗？

近五十年过去了，我已经忘记了她的名字，只记得她是我们队上车老板的女儿，车老板是山东人，长得人高马大，她随她爸爸，长得也比同龄人高半头。在我教她的那一年里，我让她当算术课的课代表，她特别高兴，每天帮我收发作业本，她自己的作业写得非常整洁，算错的题，都会在作业本上重新做一遍。我知道，她最大的梦想就是以后当我们队的会计，她对我说过，这样就可以不用像她爸爸那样整天风里来雨里去赶马车了。她说她爸爸有时候赶车要赶到富锦县城，来回有一百多里地，要是赶上刮大烟泡儿，真的非常辛苦。她说得是多么实在，在她纯真的眼光里，充满着多么大的向往。抽象的算术，已经变成了一个看得见摸得着的会计，一种每天催促她努力的动力。

暑假快结束，等待新学期开学的一天晚上，我坐在办公室里备课，房门被推开了，进来的是她，手里提着一盏马灯，马灯昏黄的灯光把她的身影拉得很长，映在草房的墙上。我不知道她有什么事情，她读完六年级，小学已经毕业，再开学就应该到我们农场场部的中学读书了。我还没来得及问，就见她哭了起来，然后，她对我说：我爸爸不让我读中学了，肖老师，你能不能到我家去一趟，跟我爸爸说说，劝劝我爸爸让我去场部读中学！

沿着队上那条土路，我跟着她向她家走去。她在前面带路，手里的马灯一晃一晃的，灯捻被风吹得像一颗不安的心不住摇摆。但那时候，她显得很高兴，心里安定了下来，仿佛只要我去她家，她爸爸就一定会同意她去场部中学读书。她实在是太天真了。一路走，看着前面马灯灯光下拉长的她的身影，像一条灵动的草蛇在夜色中游弋，我对去她家的结果充满担心。

果然，车老板给我倒了一杯用椴树蜜冲的蜂蜜水，然后果断拒绝了我替她颇有些哀婉的求情。车老板只是指指在炕上滚的三个孩子，便不再说话。我刚进门时候还对他说：孩子想读中学，学更多一些知识，她想以后当一个会计……我明白了，他现在不需要一个会计，只需要一个帮手，帮他拉扯起这一个家。

离开车老板家，她提着马灯送我，我说不用了，她说路黑，坚持要送。我拗不过她，一路她不说话，一直到小学校。我正想安慰她几句，她忽然扑在我的怀里，嘤嘤地哭了起来。马灯还握在她的手里，在我的身后摇晃着。不知怎么搞的，在那一刻，风把马灯吹灭了。那一刻，让我真的有些心惊，她也止住了哭声，只对我说了句：我当不了会计了！

不知道该如何安慰她，我帮她把马灯拾起来，进房拿出火柴把马灯重新点亮，看着她走远，影子一点儿点儿变小。马灯光在北大荒的黑夜里闪动着，一直到完全被夜色吞没。那一晚，北大荒沉重的夜色，一直压抑在我的心头，更会像一块石头一样，沉重地压抑在她的心头，从此再也无法搬开。

大概是她扑进我的怀里嘤嘤的哭声，那天夜里在我的耳边久久没有散去，我动了恻隐之心，第二天晚上，再次来到车老板的家里。她和她爸爸都没有想到我会突然造访，我看见她惊讶又带有一丝喜悦的目光，也看见车老板麻木而不动声色的眼光，从我的身上立刻扫向他手中的酒杯。

这一次，我改变了策略，不再晓之以理，动之以情，而是劈头盖脸数落起了车老板。我说他太自私，只想着让女儿替自己分担家务的沉重，好让自己活得轻松些，根本不考虑孩子的前途。我说：这孩子爱学习，成绩又很好，是块学习的材料，你就这样轻而易举地不让她接着读中学了，她一辈子的前途就断送在你的手里了，她长大了以后，不恨你吗？你自己不后悔吗？我又说：谁家没有一本难念的经？就你家有？有经难念，就非得打孩子的主意？过去人说就是砸锅卖铁也要供孩子读书，你可倒好，让孩子砸锅卖铁帮你干活儿！我还说，没有过不去的火焰山，甚至慷慨激昂地对他说，我也可以出点儿钱帮助你，度过这暂时的难关……

这些话，我一路上早就打下了草稿，像舞台上念台词似的，一泻千里，说得不仅车老板和他的女儿惊呆了，连我自己都感到诧异，但十分地痛快，感觉良好，仿佛真的当了一回救世主。

说完这番话，我转身就走，不再停留。这一番话，雨打芭蕉一般，打得车老板愣愣地呆在那儿，大概一辈子也没有人敢对他说这样的话。

我走出屋子的时候，听见他老婆对他说：还不赶紧送送肖老师？刚走一会儿，听见背后有人叫我：肖老师！回头一看，是车老板的闺女，手里提着马灯，一灯如豆，晃晃悠悠的，远远地看去，像是夜风中闪动的一只萤火虫。

她气喘吁吁地跑到我的面前，对我说：我送送你！我对她说不用了，赶紧回家，看看你爸爸什么反应，要是态度有点儿变化，你就趁热打铁！她却叹口气说：谁知道呢？我爸他一根筋！我还是送送你，前面的路上有一个大粪坑，天黑，你路不熟，我怕你掉进去！

她坚持把我送到学校。一路上，我看她一会儿显得有些轻松的样子，一会儿又心事重重的样子，我想再劝慰她，但一时没有了词，好像要说的话，在她家都说干净了。就这样，一直走到了学校草房前，看着她的身影在马灯的映照下，打下一道瘦长的影子，随着风吹，马灯不停在晃动，一时心里五味杂陈。我拍拍她瘦弱的肩头：回家吧，有事的话再找我！

望着她转身回家的背影，望着她手中的马灯微弱的光亮消逝在浓重的夜色中，我的心里忽然很沉重。我不知道在她家说的那番话会有什么效果。很有可能只是宣泄了我一时的痛快，满足了我自以为是的感觉，车老板依旧如故，这些空洞话，根本没有一点儿分量，只是像水流到石板地上，渗不进一点一滴。

事后好久，我才听说，那天回家路过大粪坑，她掉了进去。我猜想得到，她肯定在走神。

几天过后的一个晚上，车老板急匆匆地跑到学校里找我，说他闺女好几天不吃不喝，病倒在床上，他和他老婆一点儿招儿都没有了，想起了我，说是闺女就听我的话，让我去他家劝劝孩子。

我跟着他来到他家，孩子瘦了一圈，躺在炕上，看见了我，拉着我的手说：我爸他就是一根筋，说什么也不让我上学，不上学，活着还有什么意思？她说得有气无力，一边说，一边掉下了眼泪。我劝她吃点儿东西，她不吃，最后，我说：你爸刚才都跟我说了，同意你去场部上中学，你干吗还要饿自己的肚子？她不信，我也不信，我只是心血来潮，随口这么一说，想让她先吃饭再说。她问她爸爸：是真的？没有想到车老板顺水推舟，还真的点了点头。

暑假过后要开学了，车老板的孩子要去场部中学读书了，离我们二队十六里远，要住校。那时，我被调到场部中学教书，和她同路，车老板赶着马车，装上行李，送我们一起上路。一路上，孩子显得非常高兴，车老板却一直一张驴脸拉得老长，一声不吭。下车的时候，我把他拉到一边，悄悄地塞给他十元钱，说：钱不多，孩子刚上中学，给孩子买个书包，你没看她

那时，我被调到场部中学教书，和她同路，
车老板赶着马车，装上行李，送我们一起上路。

的那个书包破得什么样子了吗？他连说：我怎么能要你的钱呢？你一个月才三十二块钱的工资。我说：要是嫌少你就给我拿回来！再有，当着孩子的面，别老耷拉着一张驴脸，有再大的难处，自己咽进肚子里！你是她爹，她不是你冤家！

我还没有到新学校上课，先给车老板上了一课，自我感觉良好地和他告别了。

一别多年，车老板的闺女，在场部中学，我倒是常见，车老板，我再没有见过。2004年夏天，我重返北大荒，又回到我们二队，打听车老板和他的女儿。乡亲们告诉我，车老板一家早就搬走，回山东老家去了，不知道他们的消息。我又问：他们是什么时候搬走的？搬走的时候，他闺女从场部中学毕业了吗？乡亲们告诉我，他闺女初中毕业之后走的。我心里稍稍松了一口气，能坚持到初中毕业，已经很不容易了。算一算，车老板的女儿如今应该四十多岁，她自己的孩子，也该到了她当初读中学的年龄了。只是不知道她当没当成她梦想中的会计？

我教书的那个小学校居然还在，一间普通拉禾辫的草房，居然能够挺立那么长的时间，比人的寿命都长。那天晚上，我走到我的小学校房前，不再用马灯了，房子里面电灯明亮。我的身影映在窗子上，分外明显。就听一声清脆的声音从房里面传出：肖老师来了！紧接着，从里面走出来一个小姑娘和她的父亲。小姑娘和当年车老板的闺女差不多大小，让我一下子有一种恍然如梦的错觉，好像迎面向我走过来的，就是车老板的闺女。小姑娘的父亲告诉我，他们是来收麦子的麦客，暂时住在这里。小姑娘对我说：早听说您要来，我学过的语文课本里有您的文章！然后，她又好奇地问我：他们说以前这里是小学校，您就在这里当老师教书，是真的吗？

那一刻，我忽然有些语塞，因为我有些走神。我想起了车老板的闺女。

二

我们二队最初建立的时候，开出了西南头最边上的一片荒地，作为菜地。菜地里种的最多的是土豆。那时，各家不兴自留地，全队的人都得靠这片菜地吃菜。秋收土豆的时候，各家来人到菜地，一麻袋一麻袋把土豆扛回家，放进地窖里。土豆是东北人的看家菜，一冬一春吃的菜大部分靠着它。

土豆初夏开花，土豆花不大；也不显眼，要说好看，赶不上扁豆花和倭瓜花。扁豆花，比土豆花鲜艳，紫莹莹的，一串一串的，梦一般串起小星星，随风摇曳，很优雅的样子。倭瓜花，明黄黄的，颜色本身就跳，格外打眼，花盘又大，很是招摇，常常会有蜜蜂在上面飞，嗡嗡的，很得意地为它唱歌。

土豆花和它们一比，一下子就站在下风头。它实在是太不起眼。因为队上种的土豆占地最多，被放在菜地的最边上，土豆地的外面就是一片荒原了。在半人高的萋萋荒草面前，土豆花就显得更加弱小得微不足道。刚来北大荒那几年，虽然夏天土豆开花的时候，常到菜地里帮忙干活儿，或者到菜地里给知青食堂摘菜，或者来偷吃西红柿和黄瓜，但是，我并没有注意过土豆花，甚至还以为土豆是不开花的。

我第一次看到并认识土豆花，是我在队上的小学校里当代课老师的时候。

我教的三个高年级的学生，年龄都稍微大些，正是淘的时候，比低年级的孩子难管，鸡呀鸭呀挤在一个课堂里上课，常常是按下葫芦起了瓢，闹成一团。应该说，我还是一个负责的老师，很喜欢这样一群闹翻天却活泼可爱的孩子。所以当有一天发现五年级的一个女孩子一连好多天没有来上课的时候，心里很是惦记。一问，学生们七嘴八舌嚷嚷起来：她爸不让她上学了！

为什么不让上学呢？在当地最主要的原因是家里孩子多，生活困难，一般家里就不让女孩子上学，提早干活儿，分担家里的困难，这些我是知道的，这在我们二队是常见的事情。那时候，我的心里充满自以为是的悲天悯人的感情和年轻涌动的激情，希望能够帮助这个女孩子，说服她的父母，起码让孩子多上几年学，便在没有课的一天下午向这个女孩子家走去。

这已经不是我第一次自以为是地向辍学的学生家中走去了。不管成败，如同只问耕耘不问收获一样，我很多次去学生家苦口婆心或慷慨陈词，自己让自己的心舒展得如同一片恣肆汪洋的大海，澎湃不已。那时候，特别讲究说解放天下三分之二受苦受难的人民，便以此为己任，并不知道这三分之二的人之中，其实也包括自己。

她是我们队菜地老李头的大女儿。说是穷人的孩子早当家，其实是孩子中的老大尤其是女孩子中的老大早当家。她家就住在菜地最边上，在荒原上开出一片地，用拉禾辫草草盖起的茅草房。那草房低矮简陋，是队上最差的房子了。

那天下午，老李头的女儿正在菜地里帮助他爸爸干活儿，大老远的就看见我，高声冲我叫着：肖老师！从菜地里跑了过来。看着她的身上粘着草，脚上带着泥，一顶破草帽下的脸膛上挂满汗珠，心里想，这样的活儿，不应是她这样小的年纪的孩子干的呀。

我跟着她走进菜地，找到她爸爸老李头，老李头不善言辞，但顶着大太阳很有耐心地听我把劝他女儿继续上学的话砸姜磨蒜地说完，翻来覆去只是对我说：我也是没有办法呀，家里孩子多，她妈妈又有病。我也是没有办法呀！他反复说着这几句话的时候，手不停地指着身后那间破草房。我知道，他的病老婆就是瘫卧在那破草房里。

她的女儿眼巴巴地望着我，又望着他。一肚子的话都倒干净了，我不知道该再说什么好，竟然出师不利。当地农民强大的生活压力，也许不是我们知青能够想象的，在沉重的生活面前，同情心打不起一点儿分量。

那天下午，我不知道是怎么和老李头分手的。一种上场还没打几个回合就落败下场的感觉，让我很有些挫败感。老李头的女儿一直在后面跟着我，把我送出菜地，我不敢回头看她，觉得有些对不起她。她是一个懂事的小姑娘，她上学晚，想想那一年她有十三四岁的样子吧。走出菜地的时候，她倒是安慰我说：没关系的，肖老师，在菜地里干活儿也挺好的，您看，这些土豆开花挺好看的呢！

我这才发现，我们刚才走进走出的是土豆地，她身后的那片土豆正在开花。我也才发现，她头上戴着的那顶破草帽上，围着一圈土豆花编织的花环。这是我第一次看到土豆花，那么地小，小得不注意几乎会忽略掉它们。淡蓝色的小花，一串串的穗子一样串在一起，一朵朵簇拥在一起，确实挺好看的，但在阳光的炙烤下，像褪色了一样，有些暗淡。我望望她，心想她真是个孩子，居然还有心在意土豆花。

土豆花，从那时候起，不知为什么在我的心里有一种忧郁的感觉，让我总也忘记不了。记得离开北大荒调回北京的那一年夏天，我特意邀上几个朋友到队上的这片土豆地里照了几张照片留念。但是，照片上根本看不清土豆花，它们实在是太小了。

2004年的夏天，我有机会回北大荒，过七星河，到大兴岛，直奔二队，一眼看见了队上那一片土豆地的土豆正在开花。已经过去了几十年了，土豆地还在队上最西南边的位置上，土豆地外面还是一片萋萋荒草包围的荒原。真让人觉得时光在这里定格了。

唯一变化的是土豆地旁的老李头的茅草房早已经拆除，队上新盖的房屋，整齐排列在队部前面的土道两旁，一排白杨树高耸入天，摇响巴掌大的树叶，吹来绿色凉爽的风。我打听

北大荒断简

当地农民强大的生活压力，
也许不是我们知青能够想象的，
在沉重的生活面前，同情心打不起一点儿分量。

2003.年3月 BeiJING
zhuxing

老李头和他女儿。队上的老人告诉我：老李头还在，但他的女儿已经死了。我非常惊讶：他女儿的年龄不大呀，怎么这么早就死了呀？他们告诉我，她嫁人搬到别的队上住，生下两个女儿，都不争气，不好好上学，老早就退学，一个早早嫁人，一个跟着队上一个男孩跑到外面，也不知去了哪儿，去干什么，再也没有回过家。她呀，是活活地让两个闺女给气死的。

我去看望老李头，他已经病瘫在炕上，痴呆呆地望着我，没有认出我来。不管别人怎么对他讲，一直到我离开他家，他都没有认出我来。出了他家的房门，我问队上的人：老李头怎么痴呆得这么严重了呀？没去医院瞧瞧吗？队上的人告诉我：什么痴呆，他闺女死了以后，他一直念叨，当初要是听了肖老师的话，让孩子上学就好了，孩子就不会死了！他好多天前就听说你要来了，他是不好意思呢！

在土豆地里，我请人帮我拍张照片留念。淡蓝色的、穗状的、细小的土豆花，在这片遥远得几乎到了天边的荒原上的土豆花，多少年来就是这样花开花落，关心它们，或者偶尔之间想起它们的人会有多少呢？

世上描写花的诗文多如牛毛，由于见识的浅陋，我没有看过描写过土豆花的。一直到上个世纪90年代，看到了东北作家迟子建的短篇小说《亲亲土豆》，才算第一次看到了原来还真的有人对不起眼的土豆花情有独钟。在这篇小说的一开头，迟子建就先声夺人用了那么多好听的词描写土豆花，说它“花朵呈穗状，金钟般吊垂着，在星月下泛出迷离的银灰色”。这是我从来没见过的对土豆花如此美丽的描写。想起在北大荒时，看过土豆花，却没有仔细观察过它，竟然是开着倒挂金钟般穗状的花朵。在我的印象里，土豆花很小，呈细碎的珠串是真的，但没有如金钟般那样醒目。而且，我们队上的土豆花，也不是银灰色的，而是淡蓝色的。现在想一想，我们队上的土豆花的样子，没有迟子建笔下的漂亮，但颜色却要更好看一些。

让我没有想到的是，迟子建说土豆花有香气，而且这种香气是“来自大地的一股经久不衰的芳菲之气”。说实话，在北大荒的土豆地里，被土豆花包围的时候，我是从来没有闻到过土豆花有这样不同凡响的香气的。所有的菜蔬之花，都是没有什么香气的，无法和果树上的花香相比。

在这篇小说中，种了一辈子土豆的男主人公的老婆，和我一样，说她也从来没有闻到过土豆花的香气。男主人公却肯定地说：“谁说土豆花没香味儿？它那股香味儿才特别呢，一般时候闻不到，一经闻到就让人忘不掉。”或许，这是真的，我在土豆地，都是在一般的时候，没福气等到过土豆花喷香到来。

看到迟子建小说这里的时候，我突然想起了老李头的女儿。她闻得到土豆花的香气吗？她一定闻得到的。

三

我在我们大兴农场的场部中学，只教了一年多的书，算起来，我在北大荒的教龄不长，才两年的时间。但是，这两年，是我最开心的日子，也是发挥自己力量最得天独厚的日子。谁也不愿意总记着自己走麦城，我常常会怀念这两年的时光。

场部中学在场部工程队的后面，是一个四方形的校园，没有围墙，四面都是新盖起来的红砖房子，天然围成了一个开放型的校区。在当时，除了场部办公室，这是最好的房子了。在我们二队，还都是拉禾辫的草房，没有一间砖房呢。

我就在靠西那一排房子中的一间教室里，教高二一个班的语文。在这所学校里，我做得最得意的事情，是在班上成立了一个文学小组。可以毫不夸张地说，这不仅是全场部中学第一个也是唯一一个文学小组，而且，是我们整个大兴岛第一个也是唯一一个文学小组。

说来有意思，我组织这个文学小组的主要目的，是针对班上的一个学生。

是个男学生。他非常调皮，屁股底下像安上了弹簧，总也坐不住，上课时候经常乱窜，捣乱。他坐在靠窗的座位上，我批评他，他不高兴了，翻身一越，从窗户跳到外面，你追到教室外的时候，他早跑没影儿了。他这样一闹，全班哈哈大笑，一堂课也甭想上安稳了。

我得想办法，驯服这头撂腿就蹦的小毛驴，和另一个上课爱讲话下课不讲话的朝天椒。我让这头小毛驴当我语文课的课代表，看他挺高兴，收作业，发作业，积极性很高，对语文学习的兴趣也渐渐浓了起来。紧接着，我成立了这个文学小组，让他当文学小组的组长，每次活动的时候，负责招呼同学。我希望通过这样的活动，趁热打铁，进一步巩固加强他对语文刚刚产生的兴趣，然后树立起学习的信心。

我发现当上了这个课代表和小组长之后，他比班上别的干部还要负责，大小事，都是他张罗，拎着鸡毛当令箭，像那么回事儿似的。每次活动，他都准时把朝天椒拉来。开始参加小组活动的人有十几个，后来到二十多个，全班一半以上的同学都参加了，不能不说是当时学校的一大新闻。

那时，没有电视，晚上的文化活动很少，他们并不清楚文学小组究竟是干什么的，只是当成了一种玩，无形中让寂寞的晚上多了一些调剂的内容。

文学小组的活动，不外乎读语文课本之外的一些文学作品，然后，我讲解一下它们的可读之处在哪里。那时，“四人帮”当政，很多文学作品还被当成封资修的毒草，我只找到一本李瑛新出版的诗集《红花满山》，从中挑选了一些首，油印出来给大家看。另外，那时我们的《兵团战士报》有个《北国风光》文学副刊，常刊登一些知青写的诗歌散文小说什么的，我也会拿来给大家读。有时候，《兵团战士报》上也会登我写的一些东西，他们读起来会更来劲儿，东一榔头，西一棒子，好奇地问我很多问题，即使是风马牛不相及，十分地好笑，却也让他们对文学有了兴趣，觉得又神秘，又好玩。

那时，他们是多么地小，而我还算得上年轻。四十多年的时间过去了，班上这些同学，我见到的很少，只有我的课代表到北京来，见过好几次。如今，他在法院工作，他的儿子都已经结婚了。说起往事，他总是比我还要兴致盎然，满眼放光。他记得最多也最清楚的，是有一天晚上天忽然下起了暴雨，我还是先到教室里来了，但望着窗外的暴雨如注，雷电闪动，心里对这晚上文学小组的活动，不抱什么希望了。这么大的雨，通往学校的路都是泥路，早都陷得坑坑洼洼的泥泞一片，而且没有一盏路灯，黑漆漆的吓人。即使孩子想来，家长也不能让来了呀。可是，同学们竟然还是一个个都来了，最早来的是我的课代表。

他对我说：当时你坐在讲台桌上——我想起来了，我是坐在讲台桌上，当我看到我的课代表披着一件厚厚的军用大雨衣，打着手电筒，出现在教室门口的时候，高兴得一下子从讲台桌上蹦到了地上。我看见他穿着一双大号的高筒雨鞋，显然是穿他爸爸的，那双雨鞋上面的筒口宽大，灌进了雨水。他脱下雨鞋，往外倒水，水很快洇湿了教室里的泥地面，洇成一片，我笑它像小孩尿炕的地图。他听了咯咯地笑。

没过多大一会儿，同学们都打伞的打伞，穿雨衣的穿雨衣，陆陆续续地来齐了。手电筒在暴雨中忽闪忽闪的，让那个夏天暴雨的夜晚充满暖意。

当时，你对我们说，这暴雨中的手电光，就是诗。我的课代表现在还清晰地记得，他这样对我说。他说得没错，或者说我当时说得没错，那就是诗。那是属于他们的诗，也是属于我的教育诗。

我的课代表还对我说了这样一件事：还有一天晚上，场部里演露天电影，就在工程队的院子里，离学校很近，能够从我们教室的窗户里看到那银幕上的闪动，听见电影里的声音。那天晚上我们文学小组活动，没有一个同学去看电影，相反，后来我们的活动倒把好多看电影的人吸引了过来，跑到教室里听你这个老师讲诗。

这件事情，我倒是真忘得一干二净了。真的吗？我有些不相信。

但他肯定地说：保证没有错。我记得特别地清楚，那天晚上演的是罗马尼亚的电影《多瑙河之波》。

许多往事，自己早已经忘记，沉睡在过去的阴影里，往往是别人的回忆把它们唤醒，别人的回忆像光一样照亮它们，也照亮自己的回忆，它们才会像鱼一样游来游去，游到我的面前，带来过去年月里水花的湿润，水草的腥味儿，还有那时的星光月色映照在水面上的粼粼闪光。

我真的非常怀念我在学校的那段日子，怀念那个暴雨如注的夜晚，怀念那个演罗马尼亚电影《多瑙河之波》的夜晚，怀念所有那些个有星星还是没有星星有风雪还是没有风雪的夜晚。

如今，当年我教书的那些教室早已经拆除，新的大兴农场的中学，已经是一座漂亮的大楼。世事沧桑变化之中，大兴岛早已经不是当年的模样，我们二队连同那所小学校早已经没有了，被一片麦田和豆地所覆盖。曾经燃烧过我青春岁月的日

真的非常怀念我在学校的那段日子，
怀念那个暴雨如注的夜晚。

子，随着地理的变化，而变得摇曳多姿，显得那样地遥远而不真实。

不知为什么，我还是常常想起我曾经教过书的那两所学校。我常常会想起，开春道路翻浆时学校前面的路口，我守候在那里等待着学生们的到来；我也会想起，夏夜里闪烁在学校门前的那盏北大荒独有的马灯昏黄的灯光，和夏天土豆地里那个草帽上插着淡蓝色土豆花向我跑过来的小姑娘；我也常常想起暴雨如注的夜晚，一盏盏亮在雨雾中的手电筒，和放映电影《多瑙河之波》的夜晚我给他们讲李瑛的《红花满山》的情景……那些个白天，那些个夜晚，总会一一浮现在我眼前，像是春天的地气一样，在遥远的地平线上袅袅地升起来，弥漫在我的身旁，是那样地真实，可触可摸，含温带热，我甚至能够感受到它们涌动的气息，春天水泡子里冒出的气泡似的，汩汩地涌到身边，温馨而动人。

北大荒过年

一

在北大荒，过年的那几天，最热闹。虽然寒冷，甚至会大雪封门，有了一个年在那儿等待着，便像有了一个什么美好的东西等着我们伸手去拿一样，哪怕只是一个美丽而缥缈的幻影，伸出了手根本拿不着，也会让我们兴奋，跃跃欲试。再寒冷的日子，再艰苦的日子，有了期待，总会让自己春心荡漾而苦中作乐。

每年这个时候，队上要干两件大事。一件是在场院前面的队口，用水浇筑几盏冰灯。在只有马灯的时候，会在冰灯里面放一盏马灯，光亮直到马灯的灯油耗尽为止；有了电灯之后，就在里面放个灯泡，在外面直接拉上电线，冰灯可以亮上一宿。队口直对着通往三队和场部的那条唯一的土路，冰灯对着的方向，仿佛也就可以通过这条土路，到达场部，再从场部过七星河，一路顺风顺水到佳木斯，到哈尔滨，到北京。那时，

再寒冷的日子，再艰苦的日子，

有了期待，总会让自己春心荡漾而苦中作乐。

我写过“二队的冰灯，照亮远方，一直到北京，和天安门广场初放的华灯，汇成一片璀璨的灯光”之类可笑的诗句。其实，那几盏冰灯，很简单，很粗陋，没有任何造型，不圆不方，怪兽一样，就那么趴在那里，闪动着幽灵一般的灯光，在大年夜黑黝黝的夜色中，在无边的荒原中，灯光显得很微弱。

另一件事是会杀两头猪，一头卖给各家老乡，一头留给知青过年。有肉吃，才像是真的在过年。对队口的冰灯，只有知青会产生一些似是而非的感觉，一般人对猪肉比对冰灯要感兴趣。由于平常的日子里，除了庆祝麦收和豆收，很少杀猪，年前杀猪就成为了我们二队的节日，很多孩子大人，还有我们知青，会围上去像看一场大戏一样看热闹。杀猪是个技术活儿，不是什么人都会杀猪的，也有知青曾经跃跃欲试，但队上的头头都没有允许，别的活儿可以试，杀猪不行，一刀捅下去，猪要是不死，挣扎出捆绑的绳子，跳了出来，到处乱窜，劲头儿比发情的公猪还要无法想象，弄不好会伤人的。

所以，我们知青从来只是围观。一般是由我们队的一个外号叫作“大卵子”的副队长负责杀猪，年年杀猪，他有经验。他胸前系着黑色胶皮的围裙，手持一把牛耳尖刀，一刀下去，猪立刻毙命。那劲头儿，总让我想起《儒林外史》里的胡屠户，有时也会觉得，有点儿像《水浒》里的杨志。这要看“大卵子”当时的表现而定，如果是英气逼人，就像杨志；如果是牛逼哄哄，就像胡屠户。不管“大卵子”什么样的表现，每一年杀猪都会赢得满堂彩，没有出什么意外，算是进入过年之前最盛大的仪式功德圆满的揭幕。

这一年，春节前杀猪，闹出一桩事。

“大卵子”手起刀落之间，麻利儿地将两头猪杀完，又吹气剥皮，滴血剔骨，割下猪头，剁下猪脚，再掏干净下水，最后，将一开两扇的猪肉摊在案板上。这一系列的活儿，没有什么停顿，连贯如同行云流水，一气呵成。这是“大卵子”最得意的时候，横陈在案板上的白花花红艳艳的猪肉，就像是他精心制作的艺术品，或是他任意摆弄的什么玩意儿，让他非常有成就感。他的注意力在刀上，他眼角的余光却散落在人群中，他要的就是人们哪怕是无语的惊讶与赞叹。

就在“大卵子”和人们的注意力集中在彼此的身上和案板上的猪肉的时候，割下来的那个还在滴着血的猪头，神不知鬼不觉地不见了。等“大卵子”清点案板上下他的战利品的时候，才发现刚才放在案板下面的猪头不翼而飞，地面上，只剩下了一摊渍渍的血迹。

一连几天，队上的几个头头，开始分头行动，寻找猪头。知青宿舍，老乡家里，豆秸垛中，场院席下……角角落落，都找遍了，也没有找到。一个那么大的猪头，显山露水，能藏到哪里呢？它横不是藏在哪个知青的被窝里吧？队上头头发狠地这样说。

队上的头头没有找到猪头，却认准了一定是知青干的好事。这个判断，当然是没错的。不是知青，老乡谁也不会为一个猪头冒这个风险。一年吃不着几回肉，有的馋的知青半夜里偷老乡家的狗，活生生杀掉，放上辣椒和大蒜，加上点儿盐，炖一锅吃，不是我们一个生产队发生过的事情。我们队一个上海知青，用弹弓打麻雀，或者趁着夜色掏鸟窝，架起火烧鸟肉吃解馋，也成为人们效法的前车与后辙。知青们当然都盼着过年杀猪呢，偷猪头的肯定是早就想好的，等着以后神不知鬼不觉地到老乡家，或者到我们猪号那烀猪食的大柴锅里，烀一锅烂猪头肉，美美地就着烧酒下肚呢。

一个外号叫作“野马”的北京知青，像是盗御马的窦尔敦一样，成为这次偷猪头的主角。

偷完猪头之后，他早料到队上不会善罢甘休，肯定要追查，所以，未雨绸缪，把猪头藏在了一个所有人都想不到的地方，然后，装作无事人似的，任队上几个头头走马灯似的到处乱找，自己闲看云起云落。

队上的头头气炸了，开大会宣布，如果年三十之前，把猪头交出来，既往不咎，如果不交出来，一定追查到底，一定要给偷猪头者严厉的处分。迫于压力，很多原来都想共享猪头的知青，开始松动了，开始劝“野马”，算了，别为了一个猪头，挨一个处分，塞在档案里，跟着你一辈子，不值当的。

最后，“野马”交出了猪头。他把“大卵子”带到我们猪号前的那口深井前。那口井有十几米深，井口结着厚厚的冰层，像座小火山，又陡又滑。“大卵子”杀猪行，爬井口这厚厚的冰层，很笨，跌了好几个跟头。猪头被“野马”藏在了井下。

我在北大荒六年，过了六个春节，哪一年的春节，都没有这一年热闹。那一年过年的几天，我们虽然没有吃到猪头肉，但那个被“野马”偷藏在井下的猪头，成为了我们饭前的开胃菜和酒后的谈资，以至年过后好久，还被老乡们津津有味地谈论，并传到别的队上，被添油加醋，越传越神。“猪头事件”被载入我们二队的史册，“野马”成为那一年春节我们二队公认的风云人物。

二

记得那年大年初一的中午，队上聚餐。尽管从年三十开始就大雪纷纷，依然阻挡不住大家对这顿年饭的渴盼，很早，全部知青就拥挤在知青食堂里，等待着吃这场年夜饭中的压轴好戏：杀猪菜。

那是我第一次吃杀猪菜，它翻滚着沸腾的水花被端将上来，热气腾腾，扑面而来，让人满眼生花。我觉得很新鲜，尤其是里面的血肠，从来没有见过，特别滑爽好吃。

比血肠更让我感到新鲜的，是赶马车的车把式大老张带来的一大坛子酒，他倒给我们每个人一小杯，让我们尝尝，猜猜是什么酒。这种酒，别说我从来没有喝过，就是见都没见过。度数没有北大荒酒强烈，却别有一种香气，浅黄颜色，非常鲜亮，味道有点儿甜，也有点儿发酸，入口进肚，绵绵悠长，特别受女知青的欢迎。一大坛子酒，很快被大家喝光。大老张告

2011.2. BEIJING

诉我们这叫嘟柿酒，是他用嘟柿自己酿造的。嘟柿，是一种秋天结的野果，那时，我没有见过这玩意儿，大老张说秋天带我进完达山去摘。

这顿年饭，热热闹闹，从中午一直吃到了黄昏。都是第一次离开家，心中对家的思念，便暂时被胃中的美味替代。有人喝高了，有人喝醉了，有人开始唱歌，有人开始唱戏，有人开始掉眼泪……拥挤的食堂里，声浪震天，盖过了门外的风雪呼啸。

就在这时候，菜园里的老李头儿扛着半拉麻袋，一身雪花地推门进了食堂。老李头儿五十多岁，大半辈子侍弄菜地，我们队上的菜园，让他一个人侍弄得姹紫嫣红，供全队人吃菜。不知道他的麻袋里装的什么东西，如果是菜，大家的年饭都已经吃完了，他扛来菜还有什么用呢？只看老李头儿把麻袋一倒，满地滚的是卷心菜（北大荒人管它叫洋白菜），果然是菜。望着一地的卷心菜，望着老李头儿，大家面面相觑，有些莫名其妙。几个喝醉酒的知青冲老李头儿叫道：这时候，你弄点儿洋白菜干什么用呀？倒是再拿点儿酒来呀！

老李头儿没有理他们的叫喊，对身边的一位知青说：你去食堂里面拿把菜刀来。要菜刀干吗呢？大家更奇怪了。

菜刀拿来了，递在老李头儿手里，只见他手起刀落，卷心菜被拦腰切成两半，从菜心里露出来一个苹果。简直就像变魔术一样，这让大家惊叫起来。不一会儿的工夫，半麻袋的卷心菜里的苹果都金蝉脱壳一般滚落出来，每桌上起码有一两个苹果可吃了。那是东北的伏苹果，个头儿不大，颜色不很红，但那一刻在大家的眼睛里分外鲜红透亮。

可以说，这是这顿年饭最别致的一道菜。这是老李头儿的绝活儿。伏苹果挂果的季节，正是卷心菜长叶的时候。老李头儿把苹果放进刚刚卷心的菜心里，外面的叶子一层层陆续包裹上苹果，便成为苹果在北大荒最好的储存方式。没有冰箱的年代里，老李头儿的土法子，也算是他的一种发明呢。老李头儿就等着过年的时候拿出来亮相，让自己露一手。

如果那年的年饭，算是如今的春节联欢晚会，最后一个压轴的精彩节目，不是杀猪菜，而无疑应该属于老李头儿这些卷心菜里的苹果。

三

在北大荒，年前好几天就开始放假了。那时，没有什么农活儿，闲下来，无所事事，我们知青整天像没有了笼头的马驹子，到处散逛。但也没有什么别的地方可去，一般的去处，是到老乡家的热炕上嗑着“毛嗑儿”（葵花子）花生唠嗑，或到别的队找同学去玩，或躲在宿舍里给家里人或远方的朋友写信。时间如同身边的荒原一样无边无垠，显得很充裕，允许我们大把大把地随意挥洒。但是，那也是我们最寂寞最想家的时候。空旷的时间，空旷的荒原，把这种空落落的心情放大了。

那一年的春节前夕，很特别，一连几天，我们都是跑到知

时间如同身边的荒原一样无边无垠，

显得很充裕，

允许我们大把大把地随意挥洒。

青食堂里玩。食堂很宽敞，一专多用，既是吃饭的地方，也是开会演节目的地方，专门搭建了一个高出地面的舞台，舞台很宽敞，演出话剧都富富余余。那时候，这个舞台成为我们玩的地方。

为了玩得更痛快，那年春节早早好多天前，我们和木匠赵温一起用椴木板拼接，自制了一张乒乓球台，就放在舞台上。球台很正规，按照标准尺寸做的，涂上墨绿色的油漆，四边再涂上一圈白漆，挺像那么一回事儿。只是一时没有时间去富锦买标准的球网，便用一块薄松木板代替。椴木很硬，球打在上面，很有弹性，你一板，我一板，往返回合，单打，双打，弧圈直冲，海底捞月……增添了很多乐趣，仿佛又回到了学校时光。

尽管快五十年过去了，记忆里的情景还是那样地清晰。那天，我和伙伴打乒乓球打了一下午，好多人都累了，回宿舍休息，等着吃年夜饭了，只剩下我和陈嘉元。我们俩变换了花样，说咱们比赛，谁输谁要买一筒罐头请客。那年年前，队上小卖部进了好多水果和肉罐头。没有想到，我们比赛第一场结束后，去小卖部买罐头，其他罐头都被人买光了，只剩下了香蕉罐头。那种香蕉罐头，到现在我也忘不了，一个长圆形的铁皮罐头里，直杵杵地，只立着四根，是两根香蕉从中间切成了两截。我们打一场比赛，就到小卖部去买罐头，一直打到小卖部的香蕉罐头卖光，我们把罐头里的香蕉一根根地吃光。吃得我们的肚子都撑得慌了，那一夜的年夜饭也没有吃多少，连放的屁都带有香蕉味儿。

那时，负责小卖部的，是来自柬埔寨的一个女华侨，外号叫作“老佛爷”，年龄和我一般大。为了学中文，来到北京的华侨补校，学习完中文后，不愿再回柬埔寨，而是留在北京一所中学继续读书。没想到就要考大学时，和我一样，一个跟头来到了北大荒。

为什么叫她“老佛爷”，是谁也说不清的事情，但是，在我们二队，包括她在内，几乎众口一词，都认为这个外号是我给她起的。起的原因，就在于这一年春节前夕，我到小卖部买罐头，只剩下了香蕉罐头，气从心来，不满地冲着她发了几句牢骚，埋怨她怎么就不会进点儿别的罐头，一门心思认准了香蕉。关键是随后我又加了一句说她：知道你是从柬埔寨来的，你们那儿出香蕉，你长着个香蕉脑袋怎么着？这句话把她惹火了，叉着腰，和我嚷嚷起来，一直到陈嘉元在食堂左等右等我不回来，跑到小卖部找我，才把我和“老佛爷”从争吵中劝开。以致最后我们去买罐头，她说卖光了，我不信，以为她是成心不卖给我，又和她吵了一架。于是，她和大家都认为，是我对她心怀不满，给她起了这个“老佛爷”的外号。

这实在是有些冤枉我。“老佛爷”这个外号，真的不是我起的，我要是给她起外号，得叫她“香蕉脑袋”。但是，她却真真切切地给我起了个“硝酸”的外号。这乒乓球打的！

事情已经过去了快五十年。我再没有见过“老佛爷”，也再没见过那种直杵杵地立着四根半截香蕉的铁皮罐头。

四

北大荒讲究猫冬。过年的那几天休息，更是要猫冬了。任凭外面大雪纷飞，零下三四十度，屋里却是温暖如春。一铺火炕烧得烫屁股，一炉松木柈子燃起冲天的火苗，先要把过年的气氛点燃得火热。即使是再穷的日子，一年难得见到荤腥儿，队上也要在年前杀一口猪，炖上一锅杀猪菜，作为全队知青的年夜饭。同时，还要剁上一堆肉馅儿，怎么也得让大家在年三十夜里吃上一顿纯肉馅儿的饺子。应该说，这是我们在北大荒一年最热闹最开心的日子。

只是这饺子必须是知青自己动手包。想想也是，我们队上有来自北京天津上海和哈尔滨的上百号知青，指望着食堂那几个人还不得从年三十包到正月十五去？自己动手，丰衣足食，是那时的口号。于是，分班组去食堂领肉馅儿和面粉，后来也就乱了套，香仨臭俩的，自愿结伴凑几个人，就去领馅儿和面。那情景，很有些浩浩荡荡的壮观，因为食堂里没有那么多家伙什，大家只好用洗脸盆打面和馅儿，在食堂鱼贯出入，在知青宿舍和食堂之间连接成迤逦的队伍，脚印如花盛开在雪地上，再加上有人起哄凑热闹，一边大呼小叫，一边敲打着脸盆，跟放鞭炮似的，真的是好不热闹。

一直到把馅儿和面领光。后去的人，只好领鸡蛋和酸菜，包素馅儿的饺子了，或者索性等我们包好了饺子跑过来吃现成的，美其名曰“均贫富”。

包饺子不难，一般人都会，不会现学，也不难，即使包不出漂亮的花来，起码可以包成囫囵个儿。最让大家兴奋的是，男知青邀请女知青加入到自己包饺子的队伍里来。大家在语文课本里都学过鲁迅的《故乡》，知道“豆腐西施”，便将来男知青宿舍里包饺子的漂亮的女知青叫作“饺子西施”。在大家的嬉笑之中，“饺子西施”很是受用得坦然接受。男女搭配，干活儿不累；男女一起，饺子包得有滋有味儿。在这样包饺子中眉来眼去最后成为一对的，还真不乏其人。那饺子，他们吃来才最是别有一番滋味儿。

最让大家头疼的是，没有包饺子的擀面杖和面板。不过这难不倒我们，大家各显神通。被当成擀面杖的，有从林子里砍下来的树干，用镰刀把树皮削光再用砂纸磨平；有断了的铁锹把；大多数人用的是啤酒瓶子；似乎心有灵犀的是，大家都掀开炕席，在炕沿上铺张报纸，权且就当成了案板。知青宿舍很大，一铺炕睡十好几个人，一溜儿长长的铺板被大家分割成好多个案板，擀皮的，递皮的，包馅儿的，蹲在炕头的，站在地上的，人头攒动，人影交错，都集中在炕沿上，炕沿从来没有显示出那样的威力，一下子激动得面粉飞舞，那饺子包出了从来没有过的千军万马般的阵势。

饺子在大家嗷嗷的叫声中包好了，个头儿大小不一，爷爷孙子都有；面相丑的俊的参差不齐；但下到洗脸盆里，饺子都如同灰姑娘突然之间发生了蜕变，一个个的像一尾尾小银鱼游动着，煞是好看。脸盆下是松木柈子烧红的炉火，脸盆里是滚沸翻腾的水花，伴随着大家的大呼小叫，热闹非常，好多人不顾饺子煮熟一半成了片儿汤，照样吃得开心。

当然，大年夜里不能光吃饺子。在北大荒知青的年夜饭里，主角除了饺子，还必须得有酒。那时候的酒是双主角，一是北大荒60度的烧酒，一是哈尔滨冰啤，一瓶瓶昂首挺立，各站一排，对峙着立在窗台上，在马灯下威风凛凛地闪着摇曳不定的幽光。那真算得上一半是火焰一半是海水，滚热的烧酒和透心凉的冰啤交叉作业，在肚子里翻江倒海，是以后日子里再没有过的经历。得特意说一说冰啤，那是结了冰碴儿甚至是冻成冰坨的啤酒，喝一口，真是透心的凉。照当地老乡的话说，是傻小子睡凉炕——全凭火力壮，年轻时吃凉不管酸，喝得痛快，如今让冰啤落下胃病的不在少数。

那一年的年三十上午，我们二队的司务长北京知青秋子，知道这年夜里大伙的酒肯定得喝高了，便开着一辆铁牛到富锦县城，想为大家采购点儿吃的，哪怕买点儿水果罐头也好呀，好让大家有点儿解酒的东西，却什么吃的东西都没有了。秋子看见商店的角落里堆着半麻袋黑黢黢的家伙，就近一摸，是冻酸梨，便都包了圆儿，买了回来。九十里地赶回我们二队，秋子把这半麻袋冻酸梨往地上一倒，所有人的眼睛都亮了。

那种只有在北大荒才能见到的冻酸梨，硬邦邦，圆鼓鼓，黑乎乎的，跟铅球一样，放进凉水里拔出一身冰碴儿后，才能吃，吃得能酸倒牙根儿。但那玩意儿真的很解酒，那一年的大年夜里，很多人都喝醉了，都得靠它润嗓子和胃口。喝醉了之后，开始唱歌。开始，是一个人唱，接着是大家合唱，震天动地，回荡在年夜的夜空中，一首接一首，全是老歌。唱到最后，有人哭了。谁都知道，大家都想家了。

队上，有狗的吠声，歌声惊动了它们。

队口的冰灯，面对通往场部前的土路，寂寞地亮着。

队上，有狗的吠声，歌声惊动了它们。

队口的冰灯，面对通往场部前的土路，寂寞地亮着。

北大荒的雪

一

第一次见到北大荒的雪，是我到北大荒的第一年。国庆节前一天的清早，大兴岛就飘起了雪花。起初，我们谁也没有注意，在北京，国庆节，常常会下起蒙蒙细雨，哪里会想到这里居然飘起了雪花呢？那天，我们正要出工，到场院上将没来得及入囤的大豆入囤，刚到场院，就看见了雪花已经飘飘洒洒。我们二队的场院地势高一些，远处的田野，一望无际，也一览无余。就看那雪花正在从天边的地平线上摇着晃着脑袋瓜，成群结队而来。由于雪花不大，落在地面上并不显眼，也看不出是白颜色来，开始还以为是下雨了呢。等到雪花落在我的衣服上、脸上，清冽有点儿针扎的感觉，才发现，哦，原来是下雪了。

原来，北大荒的雪，并不都像我临来之前曾经读过的林予的小说《雁飞塞北》和林青的散文集《冰凌花》中所描写的那样粗犷猛烈，书中将它形容成“大烟泡儿”，随风呼啸，席卷天地。它也可以是这样地温柔可爱，娇小玲珑，如一群身穿白衣白裙的小天鹅，跳着芭蕾舞，轻盈潇洒而来。

我第一次见到的北大荒的小雪花的感觉，和我刚到北大荒稚气未脱豪情尚鼓胀在胸中的感觉相吻合。

大概没用半个时辰，雪花虽小，飘飘飞飞，渐渐地，拉着洁白的轻纱一样，罩满了天空和田野，也罩满了我们的场院。场院上的大豆，已经被雪花覆盖。气温也跟着降下来，手上戴着线手套，已经有些僵硬，弯曲不大自如。毕竟雪下得不大，入囤的活儿还是要干的。那时候，讲究与天斗其乐无穷。通往囤顶的三阶跳板上，已经铺上了一层雪花，那雪花非常好看，是我以前，也是我以后再也没有看到过的那么好看的雪花。细碎，晶莹，一粒一粒叠加，如同搭起来的积木，层次那么清楚，那么有序，那么严丝合缝，好像它们不怕自己细小，就这样像叠罗汉一样，耐心地一层层地往上密密麻麻地码着，和我们一样够到囤顶。

这样好看的小雪花，真的不忍心踩上去。但是，装得满满大豆的麻袋，足足一百八十斤，扛在肩上入囤，必须踩到跳板上，被踩的雪花，很不高兴，故意弄得跳板上很是湿滑，一脚踩空，很容易连麻袋带人一起掉下去。如果是在跳板的矮处，问题不大，如果在跳板的高处掉下来，是很危险的。在以后，也是这样一个下着小雪的日子里，我们二队一位漂亮的北京女知青，就是这样一脚踩滑掉下高高的跳板，摔坏了耻骨，生生

我第一次见到的北大荒的小雪花的感觉，
和我刚到北大荒稚气未脱豪情尚鼓胀在胸中的感觉相吻合。

被摘掉了一个卵巢。

北大荒的雪，哪怕是细小的雪花，也不是那么好惹的。

二

我在北大荒待了六年，看惯了荒原上的雪。下雪的时候，雪花纷纷扬扬，漫天皆白，倒也看不出什么。因为一般那种时候，不会出工干活儿，我们便不出门，猫在知青宿舍里，或老乡的家里。盘腿坐在烧得烫屁股的热炕上，烫一壶老酒，或温一壶嘟柿酒，抽一袋关东烟，嗑着“毛嗑儿”，海阔天空地唠嗑。

雪停了的时候，我们才会出门，才会见到雪的壮观和神奇。尤其是独自一个人，跋涉在厚厚的积雪没到膝盖那么深的雪窝子里，才感到这个世界似乎只有北大荒的雪才会这样地大。

有一次，我独自一人，从七星回大兴。那是因为得罪了二队的头头，他们扣住我的档案不放，无法调到师部去。没有办法，我只好灰溜溜地从管局——那时叫师部宣传队——回二队。过七星河，一片白雪茫茫，想走哪儿就走哪儿，只要你想走，哪儿都可以是一条路。走到荒原上，更是一片无比轩豁的白雪茫茫，一直连接到天边的地平线上。那时候，感到人和荒原对比得那样渺小，白雪和蓝天对比得那样灿烂，世界显得那样地空旷，又那样地荒凉，心里忽然感到有一种红尘之外的旷

北大荒的雪　RUXING 2017年冬日

下雪的时候，雪花纷纷扬扬，漫天皆白，倒也看不出什么。雪停了的时候，我们才会出门，才会见到雪的壮观和神奇。

世般的美好，又有一种仿佛被放逐天边凄楚害怕的感觉。因为不知什么时候，一脚踩进深深的雪坑里，就会像掉进深渊里，即使你喊破了嗓子，也不会有人来救你。如果碰见一群饥饿的狼群，或者仅仅是一头狼悄悄地走在你的身后，然后扒住你的肩膀，你连喊一声救命的机会都不会有的了。当地人，把这样悄悄在身后扒住人肩膀的狼叫作“张三”，为什么会有这样的称呼，我一直不得其解。但每一次听老乡讲，心里都隐隐地发怵。

那一天，我独自走在荒原上，心里真的有些害怕，十分后悔不该一个人着急忙慌地往二队赶，等上有一个伴儿，一起回队上也好些呀。可是，后悔已经来不及了，前不着村，后不着店，我只有硬着头皮，在雪窝子里一步步地走，多走一步，离队上就近了一步，离危险就远了一步。为了给自己壮胆，我就拼命地唱歌，唱了一首接一首，像是在开自己的演唱会。唱完了歌，就唱样板戏——穿林海，跨雪原；我家的表叔数不清；手提红灯四下看；今日痛饮庆功酒……空旷的雪原上，回声响亮，皑皑的积雪，仿佛是扩音设备，自己听见自己的回声从雪原上打了回来，真的很好听。

突然，前面飞来一只野鸡，似乎是被我的歌声所吸引，抖动着五彩洒金的漂亮尾巴，从我的头顶飞过，落到我前面不远的雪窝子里，头扎进里面，只露出漂亮的尾巴，像是在雪地里盛开的一朵花，鲜艳夺目得如同神奇的童话。这是捉住它最好的机会，我蹑手蹑脚地走过去，靠近它，一个鱼跃扑了过去，想只要抓住它的尾巴，它就跑不了。谁想到，它一下子扑棱棱地从雪窝子里飞了起来，抖落一身的雪花，迷住了我的眼睛。然后，飞了不远，又落在雪窝子里。等我走过去，再次向它扑去的时候，它又扑棱着翅膀飞走了。成心逗我玩？我很有些生气，心想非要捉住它不可！回到二队，也有了见面礼，更有了吹牛的资本。

就在我一次次向野鸡扑去的时候，我不知道，我已经迷路了。等到野鸡振翅高飞，飞得没影儿的时候，我已经偏离荒原上去二队的那条土路很远，怎么找也找不到那条土路了，四周只有茫茫的雪原。在北大荒，这叫作“鬼打墙”。我真的有些慌了神，天黑之前，如果回不到那条土路上，我还像一只没头苍蝇乱撞的话，会比碰上一个“张三”还要可怕。寒冷的黑夜，会像一头莽撞的巨兽吞噬一根小草一样，将我吞进，连核儿都不会吐出来的。黄昏时分，泛在雪地上的光芒，一跳一跳的，分外刺眼，让我有种惊心动魄的感觉。

我已经忘记了那天最后我是怎么找到回队的那条土路的了。也许，老天有眼，让我不死。也许，落日的反光下，凹下去的土路，在四周白雪的对比下，颜色暗一些，让我凭着本能的直觉，抓住了救命的最后一根稻草。在日头还垂挂在西天边沿的时候，我终于看到了我们二队最后一排老乡房子的房顶烟囱里冒出的缕缕炊烟，像是二队忽然能够看得见的魂儿一样在向我招手。那一轮巨大无比的落日，浑圆橙红，如同一个巍峨的天神。

后来，我一直在想，那只漂亮的野鸡，是皑皑白雪派来的一种诱惑，用它漂亮的尾巴，就像塞壬用她美妙的歌声，诱惑海上的水手。

三

在北大荒，荒原上的雪，总没有山上的雪更壮观。起码，我一直这样地认为。我们大兴岛，是一片平原，唯一凸起叫作山的，只有团山子。叫作山，其实，它就是个土山包，只有一百多米高。为什么在这样一块平坦的洼地上，会出现这样一座小山包？谁也说不清的。在大兴岛的时候，我听说临近团山子的十五队，有老人在山上捡到过奇怪的石头，那石头磨得光滑如镜，有棱有角，以为是玉器之类的什么宝贝呢。后来，来我们大兴岛勘察的考古专家看到了，认定是石器时代的石斧。我也听老人说，山上还有更为奇怪的洞穴，不止一个，而是好几个。有好奇的人爬上去过，没捡到宝贝，倒是真的看见了洞穴，认为是炸石头盖房子或修路炸出来的坑，并没有当回事。也是后来考古专家来我们大兴岛，认定是远古时代半穴居住的遗址，说是有六千多年的历史。当时，这样断定，没有多少人信。现在，人们都信了，大兴岛，了得！牛！

我在大兴岛的时候，团山子，是我们大兴岛的独秀峰。休息天的时候，到团山子去玩，下过雪后，到团山子去看雪山，爬雪山，甚至中秋节爬上团山子赏月的，都大有人在。但是，我从来没有爬过团山子，我有些小瞧了它，嫌它太矮，圆鼓嘟嘟的，像个大发面馒头。

在北大荒，最有名的山，当属完达山。它是长白山的余脉，绵延北大荒境内很长一段。在北大荒的时候，只要天气好，几乎天天可以望见完达山，它好像离我不远，但望山跑死马呀。渴望进山看看，是那时不止我一个人的愿望。

我只进过一次完达山，实际上是完达山的支脉，在我们大兴岛的西南边一点儿，当地人叫它七星砬子山。我们是去那里伐木。数九寒冬，坐上爬犁，几匹马拉着，爬犁飞快地在雪地上跑，可以和汽车比赛。刚进完达山，风雪飘起，洁白如玉的雪，厚厚地铺满山路，爬犁辙印下粗粗的凹痕，立刻就又被雪花填平。如果没有两边的参天林木，爬犁始终像是在一面晶莹的镜面上飞行，就这样一直跑着可以飞到天上去。

快到目的地了，雪说停就停了。好像突然之间太阳就露头了，天上的雪花不知藏到那里，只剩下了地上一片白茫茫。不知从哪儿突然飞来一群像麻雀大的小鸟，当地人管这种鸟叫雪雀，我是第一次见到这种奇怪的鸟。它们浑身的羽毛和雪花一样也是白色的，只是略微带一点儿浅褐色。雪地上飞起飞落着小巧玲珑的雪雀，和雪地那样浑然一体的白，在夕阳金色的余晖映照下，分外迷人。那情景有些像童话，仿佛我们要赶去参加森林女王举办的什么舞会，而它们就是森林女王派来的向导。那群雪雀在我们的爬犁前飞起飞落，然后飞到林子里，落在树枝上，坠得树枝颤巍巍的，溅落下的雪花响起一阵细细的声响，像是雪在窃窃私语。

安扎下帐篷，已经到了晚上，一弯奶黄色的月亮升起来，在缀满雪花和冰凌的树枝间穿行。第一顿饭，我们用松木点燃起篝火，把带来的冻馒头放在铁锹上，架在火上烤，烤得金黄的馒头带有松木的清香。我们吃凉不管酸，吃着这样松香撩人的烤馒头，欢笑声四起。

这时候，风吹了过来。开始，风不大，柔和的如同抚摩。渐渐地，风变大了，竟然吹灭了篝火，也吹灭了我们的欢笑声，一下子，四周寂静无声，只能听见风呼呼叫着。就在这时候，我忽然听见了从森林里传来的风掠过树枝的簌簌声音，那声音比尖利的风声要显得浑厚，像是大海翻滚着波涛在一阵阵地涌来。看着树木的枝条尽情摇摆随风呼啸的样子，我想树和雪一样，是不会说话，如果会说话，这就应该是它们的语言，满山满谷共鸣，如同大合唱，此起彼伏，回声嘹亮，抖动得树枝上的雪花飞溅，是森林和雪的和声的结晶。

那一次，在完达山伐木很长时间。几乎一个冬天，天天被树木簇拥，被白雪包围。有一种远避尘嚣的感觉，仿佛曾经在二队的孤寂和羞辱，曾经在北京的武斗和喧闹，远离北京对家的思念，统统被这大雪所覆盖，被这森林所遮掩。这种感觉，是在别处未曾有过的。尤其是对比荒原，这种感觉更为强烈。荒原上，春天有荒草萋萋，夏天绿浪翻滚，秋天金黄一片，风吹过时也会飒飒有声，荡漾到天边。但是，没有完达山林海雪原的这种感觉。雪把山把树把大自然的一切重新设置改造了一

雪把山把树把大自然的一切重新设置改造了一般，
变幻成另一种模样。

般，变幻成另一种模样。这种模样，像是缥缈的并不真实的梦，也像是我们曾经追求的理想，好像有意以这样晶莹剔透洁白如玉的崭新形象，和丑陋疯狂的世界做个触目惊心的对比。

大概荒原显得荒凉，森林显得丰富，更重要的是，无论微风还是狂风掠过时，飞扬的枝条，飞溅的雪花，将它们席天卷地如此壮观的倾诉声音，融化在它们各种舞蹈般的形体里，在蓝天和高山为背景的衬托下，让我新奇，难忘。

完达山上森林的雪，让我难忘，还在于那时候我们天真烂漫甚至虚妄的情怀和想象中的雪，其实是并不真实的。我们不知道这样洁白美丽的雪花中暗藏的玄机甚至是杀机。在雪地上摔伤，是常有的事情，关键是十几个人用肩膀扛一棵被伐倒的参天大树去归楞，那弯腰扛上肩，再弯腰抬下肩，使劲儿将树木甩上木堆上码好，最吃劲儿的，不是脚下的雪滑，而是腰。很多人就是在这时候腰伤了而不知，积存的腰伤，不是经年树液积淀下来的琥珀，可以成为珍品，而是成为了一生的痛苦，在晚年时如鬼魂幽灵一样蹿了出来，进行残酷的报复。我的好几位知青朋友，都是在最近几年不得不到医院做了手术，在腰上打了好几个钇钛合金的钉子，支撑起自己的老腰。这是在完达山的森林雪地上埋下的种子，在我们老的时候发芽，开出的恶之花。

我算是幸运的，我的腰虽然有两节腰椎间盘突出和一节膨出，但并没有去做大手术打上几根钉子。比晚年做了手术打了钉子更为悲惨的是在伐木时被大树突然倒下砸伤的知青。在知青中曾经流行过这样一句话：年轻时不懂得爱情。其实，是年轻时不懂得大自然。大自然风平浪静的时候，显得云淡风轻，什么事情都没有，但是，一旦风波骤起，就会是人命关天。纷飞的雪花中，洁白的雪地上，滴落的殷红的鲜血，实在是惊心动魄，让我难以忘怀。倒在地上的知青，是那么地年轻，和浩瀚的完达山的森林对比得是那样地不成比例。他们起不来，必须等待我们用树枝绑好一个简易的担架，把他们抬出茂密的森林，抬上马拉的爬犁，送下山，直奔医院。在把他们抬上担架这样瞬间的工夫里，雪花已经盖满了他们的全身，像一个坍塌的雪人，像一个倒下的白雪的雕像。

这是我现在的想象。当初，我们一样年轻气盛争强好胜，以为是在干什么惊天动地的大事业。当初，我把那洒在雪地上的滴滴鲜血，写成诗，比喻为雪地上的朵朵红梅花。

那时，我们真的是吃凉不管酸，我们真的是一不怕苦，二不怕死，我们真的是自以为是，内心里鼓胀着小布尔乔亚的情怀，以为诗比生命还要重要，还要美好。记得那样地清楚，我们从完达山下山的时候，我还惦记着上山时见到过的雪雀，我希望在下山的时候，能够再次见到它们，内心里的渴望，就像要见自己的情人。

可是，我再没有看见过雪雀。以后，在北大荒所有冬天的日子里，我都没有再见过雪雀。我一直渴望能再见到它们，也曾在下雪和雪停的日子里，专门而专心地寻找过它们。但是，我都没有能再见到它们。好像第一次进完达山那天看见过的一切不是真实的，而只是一时的幻觉。

四

我在我们二队的猪号，喂了一年多时间的猪。那是我从师部宣传队灰溜溜回到二队以后的事情，队上的头头以一种胜利者的姿态说你去猪号吧。去猪号没有什么不好，但无论在我还是在别人看来，这多少有些发配的意思。队上头头的姿态分明在说：你不是想调到师部宣传队去吗？看你孙悟空本事再大，能翻出我如来佛的手心吗？

猪号在我们二队的最西头，再外面就是一片荒原，这里是全队最偏僻的地方，却也是最安静的地方，空旷得犹如到了天之外，只有猪偶尔哼哼的叫声，唤回一点儿人间的感觉。猪号加我一共四个人，一个本地老乡老黄，负责烀猪食；一个山东汉子小尹，和我负责挑猪食喂猪；另一个，是班长老王。他叫王习凯，不爱说话，不管外面棋盘上的风云变化，只管养他的猪。他待我很好。在他的眼睛里，我还是孩子，而且应该说是有正义感和有才华的好孩子。这是他心里牢靠的定海神针。

我到猪号报到，是冬天，我和小尹住在烀猪食大屋旁的一间小屋里。每天下班，老王和老黄回家前，都要嘱咐我们，别贪睡，警醒点儿，要是半夜下雪，别忘了起来看看猪棚的猪栏有没有被风雪吹开了。我知道，如果猪栏被风雪吹开，猪八戒就会跑出来，四周是无遮无拦的荒原，一片风雪之中，后果是不堪设想的。在猪号的冬天，这是最让人头疼也最让人警惕的大事。

这样的大事，在那一年的冬天，让我赶上了。一天夜里，呼啸而至的暴风雪，像莽撞的醉汉一样，使劲儿扑打着我们小屋的窗户。我睡得死，小尹把我推醒，叫喊着：不好了，快起来！我忙爬起来穿好衣服，跟着他往门外跑，门已经被厚厚一层雪挡住，我们使劲儿推，才把门推开，就往猪棚跑。跑到那里一看，最让人担心的事情发生了，猪栏都被吹开，一群猪八戒前拥后挤，像是什么精彩大戏散场一样，兴致勃勃地跑出猪栏，正在疯狂地往荒原上跑。荒原上皑皑大雪一片，暗夜的天空中飘飞的纷纷扬扬的雪片子越来越大。跑到荒原上的猪，我根本看不清，只觉得有什么东西在起伏，在晃动，有些像大海上翻涌起的泡沫。它们吼吼的叫声，几乎被风雪吞没。小尹在猪号干了好几年，有经验，我就紧跟着他往前跑。

他一边跑，一边对我喊：先找到那头跑卵子猪！

跑卵子猪，就是种猪，在我们猪号里，它的个头最大，浑身油黑，发起情来，谁也弄不住。这样的大雪天里，找到它，制服它也不容易呀。但是，必须要找到它，制服它，其他的猪会跟着它一起跑，就好办了！

这时候，老王和老黄也从各自的家里赶了过来，跟着我们一起追猪！在北大荒六年，我是第一次在半夜里跑到荒原上，第一次见到这样大的雪。或许，还有比这更大的暴风雪，可能是因为在夜色的衬托下，风雪显得比白天更为可怕，更为疯狂。无边的夜色，无边的大雪，一黑一白，蟒蛇一般，厮缠一起，扭打一起，最后融合成一种诡异的颜色，魔鬼一样狰狞。在这样一片大雪的包围下，在偌大的荒原上奔跑，无论是猪，还是人，都显得那样地渺小，随时随地都有可能被它们撕成碎片。

不过，老王和老黄一来，我和小尹都有了主心骨。可怕的暴风雪，也不那么可怕了。对付这样的暴风雪，他们都是富有经验的老手，已经不止一次和暴风雪打过交道。就是这样一定心，一走神，我一脚踩空，掉进了雪窝子里，立刻，醍醐灌顶一般，鼻孔里，嘴巴里，脖领里，全是冰冷的雪花。眼前一片漆黑，脑子里一片空白。

我已经不知道，最后我是怎么被老王他们三人从雪窝子救上来的了，我也不知道最后他们是怎么把那群猪八戒赶回猪栏的了。那时候，我已经冻成了雪疙瘩，等我睁开眼睛醒来的时候，已经是在老王家中了。老王的老婆抱着一盆雪花，正在用雪给我从头到脚地揉搓。睁开眼睛，看见的是老王的老婆那一双明澈的眼睛，正笑着看着我。想想，那时候，她也就是四十岁上下的样子。

第二天，我躺在老王家的热炕头上，盖着老王家唯一的一床棉被，和老王身上唯一的一件棉大衣。

因为是从师部宣传队灰溜溜地回到二队，那是我人生的冰封季节，有着老王一家给予我的暖流，抵御外界的寒冷，让我格外感动。我只是非常惭愧，在那场暴风雪中追逐猪八戒的争斗之中，我没有出什么力，却给老王一家增添了麻烦。他们却从来没有对我有过什么埋怨或瞧不起，一直都是像对待自己的孩子一样，给我家人般的温暖。

知青，如今早已经成为了一个历史的名词，需要有心人善良地去抚摸，才能够感受到它的温度，但是，谁还有当年老王和他老婆那样的耐心与诚意呢？愤青，更是成为了对比如今新一代实用主义青年而存在的傻子的代名词，一个带有讽刺贬斥意味的昵称，已经沦为和傻逼一起相提并论了。知青，只是成为了一个老得快要掉了牙的故事，成为了一段残缺不全过了时跑了调的歌曲，在电视肥皂剧里作为煽情的情节段落，在知青的聚会中作为怀旧的下酒小菜。

每逢想起暴风雪中和暴风雪后的老王一家，想起老王家的那铺热炕、那床棉被、那件棉大衣，我都会忍不住涌出这样的感慨。

2004年，我重返北大荒，回到我们二队。在新建起来的队部办公室安顿下来后，我悄悄溜出队部，特意找到老王的家。老王刚刚和一群知青到队部大会议室去了，那里已经备好了杀猪菜，老王的孩子主厨，中午大家要在那里好好聚聚，准备一醉方休。家里只剩下了老王老婆一个人，她走近我的身边，用眼睛凑近我，仔细瞅了瞅，认出了我，一把拉住我的手，连声对我说："我的心脏不好，眼睛也不好，一只眼睛是假的了，我不敢和老王去队部看你们。"

握住她那瘦骨嶙峋的手，我说不出一句话，因为我看见她的昏花而浑浊的眼睛里含着泪花。在那一瞬间，我想起了那年暴风雪夜里她用雪为我擦身时望着我的目光。那时，她的眼睛，明如秋水，是那样地清澈！

我看见她家墙上挂着的镜框里还摆着我和同学当年在这里照的照片。算一算，已经是那么多年过去了，他们还保留着对知青的那一份温厚的情感。我知道，遥远的二队正因为有老王和老王老婆他们这样的人在，才让我觉得，千里万里再远再荒僻也值得回去。但是，也只是回去看看他们而已，能为他们做什么呢？什么也做不了，因为我们都不过是候鸟，飞来了，又离去了，而他们却一辈子在那里，在那个被七星河和挠力河包围的大兴岛上默默无闻地生活着。做不了什么，就别那么轻易地忘掉，我们的青春是和这些人对我们的关爱连在一起的。

走出老王的家，老王的老婆一再坚持要送我，我说您的眼睛不好，又有心脏病，就不要送了。她坚持送，穿过花木扶疏的小院，阳光透过枝叶，在她的身上和白发上打下斑驳的影子，一跳一跳的，跳动的都是我记忆中的情景，仿佛一切逝去的并不遥远。我搀扶着她的胳膊，一只小飞虫落在她的白发上，我要去赶走它，它已经飞走了，她说不碍事的。一片叶子还那么地绿，却已经枯萎了，被风吹落在她的肩膀上，我替她摘下去，她还是说不碍事的。

刚刚送出院子，她忽然一屁股就坐在地上，大口喘着气，佝偻的胸脯起伏得很厉害，紧促着我的心。毕竟七十多岁了。那天，阳光格外地强，热浪涨涌。我赶紧扶她起来，想送她回家，她摇摇头说：不碍事的，老毛病了，一会儿就好。让我送送你，送你到路上，我看不清，能感觉着你走远。

她就这样一直把我送到队里的土路上，走了老远，我回头看见她站着站着，一屁股又坐在土路上，向我使劲儿地挥着手，又摆着手。

那一刻，我不敢再回头。

十三年过去了，坐在我们二队土道上使劲儿向我挥手又摆手的老王老婆，像一幅北大荒的版画，定格在我的记忆里。我不能忘，我不敢忘。我说过，并且我一直坚信，来自北大荒这块土地上培育的真挚情感，和来自北大荒这里乡亲培养我们的民间立场，是我们知青岁月里最大的收获，没有了这样的两点，或者我们抛弃了这样的两点，我们的青春才真的是蹉跎而没有丝毫可以回忆的一片空白。

这样的两点，都是诞生在北大荒这片土地上的，是经历过同甘共苦甚至是同生共死的命运的。因此，对于北大荒，给予我最深刻记忆的，不是春天遍野鲜红的达紫香和金黄色的萱草，不是秋天漫山火红的柞树林和洁白的白桦林，而是冬天那经久不息的纷纷扬扬的雪花，无论是细碎的雪花，还是铺天盖地的暴风雪，它们构成了我们共同生活过的一个命运背景，成为磨炼我们铸就我们情感的一种时代象征。

没有雪的冬天，只是冬天的赝品。没有雪的北大荒，还能叫作北大荒吗?

不知为什么，也不知别人是怎么想，想起北大荒的雪，总

我说过，并且我一直坚信，
来自北大荒这块土地上培育的真挚情感，
和来自北大荒这里乡亲培养我们的民间立场，
是我们知青岁月里最大的收获。

北大荒冬天的白桦林 RUXING 2017.6.10.

会让我感受到北大荒最寒冷最凛冽却也是最温暖的那一部分，总会让我感受到北大荒最柔软最脆弱却也是最富有韧性的那一部分。

五十年过去了，离开北大荒也已经那么多年，总还会不住地想起北大荒的雪。它们让我的晚年，让在北京如今极其少雪的冬季，有了一种难忘而独一无二的回忆。只有北大荒才有的那纷纷扬扬的雪花，落地无声，却就像是电影里最后响起的动人的主题曲，让回忆的高潮有了动人的旋律。

2017 年岁末全书写毕于北京

图书在版编目（CIP）数据

北大荒断简 / 肖复兴著绘. — 北京：北京十月文艺出版社，2018.9
ISBN 978-7-5302-1829-7

Ⅰ. ①北… Ⅱ. ①肖… Ⅲ. ①散文集—中国—当代
Ⅳ. ①I267

中国版本图书馆 CIP 数据核字（2018）第 085326 号

北大荒断简
BEIDAHUANG DUANJIAN
肖复兴　著绘

出　　版　北京出版集团公司
　　　　　北京十月文艺出版社
地　　址　北京北三环中路 6 号
邮　　编　100120
网　　址　www.bph.com.cn
发　　行　新经典发行有限公司
　　　　　电话（010）68423599
经　　销　新华书店
印　　刷　北京盛通印刷股份有限公司
版　　次　2018 年 9 月第 1 版
　　　　　2018 年 9 月第 1 次印刷
开　　本　880 毫米 ×1230 毫米　1/32
印　　张　9.5
字　　数　188 千字
书　　号　ISBN 978-7-5302-1829-7
定　　价　56.00 元
质量监督电话　010-58572393
如有印装质量问题，由本社负责调换。

版权所有，未经书面许可，不得转载、复制、翻印，违者必究。